中国特色社会主义五大建设丛书

社会建设

与全面建成小康社会

任　远　著

重庆出版集团　重庆出版社

图书在版编目(CIP)数据

社会建设与全面建成小康社会 / 任远著. —重庆：重庆出版社，2014.6

（中国特色社会主义"五大建设"丛书）

ISBN 978-7-229-08182-9

Ⅰ. ①社… Ⅱ. ①任… Ⅲ. ①社会发展—研究—中国 ②小康建设—研究—中国 Ⅳ. ①D668 ②F124.7

中国版本图书馆CIP数据核字(2014)第127954号

社会建设与全面建成小康社会
SHEHUI JIANSHE YU QUANMIAN JIANCHENG XIAOKANG SHEHUI
任　远　著

出 版 人：罗小卫
责任编辑：曾海龙
责任校对：何建云
插图作者：王　果
装帧设计：重庆出版集团艺术设计公司·蒋忠智　黄　杨

重庆出版集团
重庆出版社 **出版**

重庆长江二路205号　邮政编码：400016　http://www.cqph.com
重庆出版集团艺术设计有限公司制版
自贡兴华印务有限公司印刷
重庆出版集团图书发行有限公司发行
E-MAIL:fxchu@cqph.com　邮购电话：023-68809452
全国新华书店经销

开本：889mm×1194mm　1/32　印张：5.375　字数：116千
2014年6月第1版　2014年9月第2次印刷
ISBN 978-7-229-08182-9
定价：15.00元

如有印装质量问题，请向本集团图书发行有限公司调换：023-68706683

总　序

在全党全国深入学习宣传贯彻党的十八大和十八届三中全会精神之际，由复旦大学马克思主义研究院和党委宣传部组织撰写的《中国特色社会主义“五大建设”丛书》同大家见面了，这是复旦大学以及上海市部分知名学者在马克思主义理论和中国现实研究方面所作出的重要探索。

作为马克思主义中国化的重要理论创新，党的十八大第一次提出了社会主义“五大建设”，即经济建设、政治建设、文化建设、社会建设、生态文明建设等方面的重大部署。并且提出：在经济建设上，必须坚持发展是硬道理的战略思想，以科学发展为主题，以加快转变经济发展方式为主线，把我国经济发展活力和竞争力提高到新的水平。在政治建设上，必须坚持走中国特色社会主义政治发展道路，继续积极稳妥推进政治体制改革，坚持党的领导、人民当家做主、依法治国的有机统一，发展更加广泛、更加充分、更加健全的人民民主。在文化建设上，必须走中国特色社会主义文化发展道路，积极培育和践行社会主义核心价值观，丰富人民精神文化生活，提高国民素质，扎实推进社会主义文化强国建设。在社会建设上，必须加快健全基本公共服务体系，加强和创新社会管理，以保障和改善民生为重点，多谋民生之利，多解民生之忧，解决好人民最关心、最直接、最现实的利益问题。在生态文明建设上，必须树立尊重自然、顺应自然、保护自然的生态文明理念，坚持节约资源和保护环境的基本国策，着力推进绿色发展、循环发展、低碳发展，实现中华民族的永续发展。这“五大建设”内容丰富、意义深远，不仅需要在实践上扎实推进，而且需要在理论上深入地加以探讨和阐述。

马克思主义理论研究，无疑具有十分重要的学术向度。我们知道，马克思在进行例如政治经济学批判的研究工作时，曾为自己提出过多么高的学术要求。正是这样的学术要求，使得马克思在哲学和社会科学的几乎每一个领域中，都有自己独到的发现和深刻的见地。列宁曾说过，不研究黑格尔的《逻辑学》，就不能真正读懂《资本论》——马克思主义理论的学术向度，于此可见一斑。在这个意义上应当说，如果没有很高的学术要求，马克思主义的理论研究就不可能真正持立；如果放弃或贬低其学术要求，则无异于理论上的自我打击。更加重要的是，马克思主义理论的全部学术要求，归结到最根本的一点，就是深入并切中当下的社会现实。如果没有这一根本之点，马克思主义的理论研究同样不可能真正持立。但人们往往太过轻易地想象“现实”一词，仿佛达于现实或把握现实是不需要什么理论或学术的，甚至还往往用关注现实来作为拒斥理论和学术的口实。这是一种严重的——甚至是危险的——误解，它把“现实”同一般所谓的“事实”混淆起来了。必须明白，与一般的事实不同，现实不是在知觉中就能直接同我们照面的。用黑格尔的话来说，所谓现实，乃是实存和本质的统一，是在展开过程中表现为必然性的东西。因此，如果仅仅滞留于“实存”而达不到本质性，达不到在展开过程中的必然性，我们就根本不可能窥见或触到现实。海德格尔曾指出，马克思的历史学之所以优越于其他的历史学，是因为它深入到历史的本质性一度中去了；也就是说，深入到社会现实中去了。

为了真正地把握社会现实，不仅需要坚实彻底的理论，而且需要使这样的理论深入到社会的实体性内容中去，并通过这样的深入而实现其全面的具体化。之所以这么说，是因为现实本身是具有实体性内容的，并因而是具体的。遗忘了这一点，再高明的理论也只能被当做“外部反思”来加以运用，也就是说，被当做某种公式来教条主义地加以运用。所谓外部反思，就是作为忽此忽彼的推理能力，它从来不深入到社会的实体性内容本身之中；但它知道一般原则，而且知道把一般原则抽象地运用到任何内容之上。如果说，我们曾经在“二十八个布尔什维克”那里见到过某种教条主义的马克思主义，那么在今天的社会科学中同样很容易发现那种“仅仅知道把一般原则抽象地运用到任何内容之上”的外部反思。在这种情况下，真正的社会现实不仅没有被把握住，而且实际上早已消失得无影无踪了。因此，黑格尔把外部反思叫做主观思想和现代诡辩论，甚至叫做“浪漫主义及其虚弱本质的病态表现”。同样，对于马克思和恩格斯来说，历史唯物主义的原理决不是可以当做抽象原则而无条件地加以运用的东西；恰恰相反，它们仅仅是一些科学的抽象，这些抽象离开了现实的历史和具体的研究就没有任何价值。如果把它们当做“可以适用于各个历史时代的药方或公式”，那么，在这里出现的就不是历史唯物主义，而是历史唯物主义的反面。

由于马克思主义学术和理论研究的主旨是把握社会现实，所以，对于今天中国的马克思主义理论研究来说，其根本的任务就在于深入并切中当今中国的社会现实。这一社会现实是以中国自近代以来的历史性实践（特别是改革开放以来的历史性实践）为基础的，并且是在“中国道路”的历史进程中实现其具体化的。不研究中国自近代以来的历史性实践，不研究中国道路在历史进程中的整体具体化，就根本不可能真正理解和把握当今中国的社会现实，因而也就没有真正意义上的当代中国的马克思主义理论研究，或者至多只能有某种疏阔散宕的经院式的研究。对于中国化的马克思主义理论研究来说，没有一项任务比深入地了解中国社会，从而把握其具体的历史进程和实体性内容来得更加紧迫了。因此，复旦大学马克思主义研究院倡导在深入研究马克思主义基本原理的同时，更加切近地探究当今中国的社会现实，以期使马克思主义的基础理论同真正的“中国问题”和“中国经验”结合起来。我们面前的这套《中国特色社会主义“五大建设”丛书》，就是希望在这方面做出某种积极的尝试和有益的探索。

“五大建设”丛书共11种，主要研究改革开放以来，我国在经济、政治、文化、社会和生态等领域的发展变化，以及在新的历史条件下这些领域所面临的问题、挑战和任务。《全球视野下的中国道路》一书，从中国道路对人类文明的历史性贡献、中国道路对发展中国家的示范效应、中国道路对世界社会主义运动的意义三个方面，探讨中国道路的世界意义。《“中国梦”的文化解析》从“中国梦”新时代的新概念、“中国梦”的演进轨迹、“中国梦”的当下使命、文化为“中国梦”立基等几个方面，从文化的根底处解析“中国梦”。《理性与梦想：中华腾飞的精神两翼》一书，阐述了理性与梦想在中国发展取得举世瞩目成就、实现中华民族伟大复兴历史进程中的重要意义，指出理性平和与追逐梦想缺一不可、相互支持。《创新转型与可持续发展》一书，以“经济发展方式”作为研究问题的核心范畴，着重讨论了“中国奇迹”的时代特点、中国社会生活各领域深刻变革以及当前经济发展阶段新特点等问题。《协商民主：中国的创造与实践》一书，从协商在中国民主中的意义、协商民主与中国政治建设、政治协商与协商民主、社会协商与社会建设、公民协商与基层民主发展几个方面，深刻解读我国的协商民主制度。《穿越问题域：科学发展观重大理论问题探要》一书，围绕发展、改革与稳定，经济、政治与文化，市场、资本与权力，公正、效率与持续，自然、个人与社会等五个方面，理解并阐释科学发展观蕴含的整个问题域，以辩证的方法理解我们在经济社会的建设中必定会遭遇到的各种错综复杂的关系。《生态文明：人类历史发展的必然选择》从生态学视角观察人类文明形态的进化史，在阐述人类对人与自然关系的各种认知、思考和探索的同时，对十八大报告中有关生态文明建设论述作出深入解读。《战略性新兴产业发展的新模式》一书，厘清了战略性新兴产业的历史背景与现实意义，阐释战略性新兴产业的内涵与特性，并借鉴欧美发达国家的战略和政策，为我国目前战略性新兴产业的发展提出了新的模式和政策设计。《社会建设与全面建成小康社会》一书，从社会建设的定位和布局、社会建设的挑战和任务、社会建设的改革和突破等方面，集中探讨了社会建设和国家发展中的有关问题。《核心价值观视野下的社会建设》一书，以社会建设为对象，从理论、历史、现实的三重维度，对社会主义核心价值观与社会建设相互融合进行了解读和阐释。《社会主义中国在开拓中前进》一书，围绕中国特色社会主义的本土根据与阶段特征、坚持和发展中国特色社会主义、建设与时俱进的社会主义意识形态、促进社会主义更健康地发展几个部分，来阐释中国特色社会主义包含的丰富理论内容。

这套丛书是一个积极的尝试，其主旨是在密切关注当代中国发展之历史进程的同时，推进马克思主义的理论研究。如果说，关注并切中社会现实乃是马克思主义研究的题中应有之义，那么，我们完全有理由期待在这样的领域中会迎来理论研究新的繁花盛开。我们希望有更多的学者能参与到这样的研究中来。是为序。

吴晓明

2014 年 1 月

前　言

十多年来，随着提出建设社会主义和谐社会，以及强调重视民生福利建设、强调加强和创新社会管理、创新社会治理，我国已经进入全面推进社会建设的新历史时期。

作为中国特色社会主义总体布局的五大建设的组成部分，加强社会建设对于全面建成小康社会非常迫切和必要：

第一，社会建设所包含的教育、公共卫生、文化体育、社区发展、社会保障、社会安全等等，都和民生福利和人民生活幸福息息相关，因此是更加全面发展的、有质量的小康社会的重要内容。

第二，随着经济市场化和社会转型深化，当前中国的社会阶层分化、社会利益分化、社会不平衡发展加深、社会不平等的情况加深、社会矛盾冲突加剧、社会稳定运行的风险恶化，需要重视社会发展的利益协调和构建稳定发展的体制机制。

第三，通过社会建设作为动力平台，能够更好地推动经济创新和发展活力，能够推动民主政治的进步，推动民生福利的增强，推动文化的繁荣发展，推动生态环境治理体制的完善，使社会建设不仅是中国特色社会主义五大建设的组成部分，同时也构成了未来国家发展的动力平台。

第四，随着社会力量的成长，需要加强社会组织建设，强化社会运行的机制，应对和创新性地解决社会问题，加强社会公众的参与，增强社会的能力和活力，并形成积极有序的社会运行体制。

第五，社会建设不仅仅是一个由下到上的社会过程，而是通过将社会建设纳入国家建设的整体格局，实现社会建设和国家建设构成良好协同，使社会建设成为现代国家的有效治理力量。在这种重构国家治理格局的过程中，实现加强党的领导和执政的能力，实现政府职能的转型，实现社会主义法制的完善，实现社会主义市场经济体制的完善，从而使社会建设能够成为不断推动和深化改革，成为建设社会主义现代化国家的核心动力。

因此，我认为在改革开放深化的当前时期，社会建设是推动继续改革开放的钥匙，在五大建设中具有着根本性的意义和作用，是全面建成小康社会的关键力量，更是推动中国特色社会主义道路和建设社会主义现代化国家的根本力量。

围绕着上述基本想法，这本小书主要讨论三个方面的问题：一是“社会建设的定位和布局”，我将说明五大建设和社会建设的关系，社会建设和全面建成小康社会的关系，说明社会建设的历史发展的逻辑，说明社会建设内涵的深化，并从社会转型的历史背景下理解中国的社会建设。二是“社会建设的挑战和任务”，我将说明社会建设四个方面的挑战，说明在社会分化、网络社会、人口老龄化、城市化过程中的社会建设挑战，以及说明在改革开放深化期的当下社会建设遇到的尤其突出的困难。三是“社会建设的改革和突破”，我将说明如何来加强民生福利建设，包括如何增强社会保障体系建设。我将说明如何来协调社会利益实现社会整合，这里包括推动城乡结构调整、推动户籍改革、缩小贫富差距、加强制度建设和应对社会不平等的挑战。我也将说明如何来实现社会有效运行和激发社会活力，如何来加强和创新社会管理。同时我也将讨论如何将社会建设纳入国家建设的整体格局，通过政府职能建设、社会主义法制建设和加强党的建设来推动社会建设和国家发展。

本书是我最近几年关于社会建设和国家发展有关问题的思考的汇集，本书中的部分内容，也得到复旦大学“985 工程”三期研究项目“户籍制度改革与中国城镇化发展道路研究”（2011RWSKQN010）的研究支持。我希望以这本小书作为一个知识理论工作者对国家未来发展的一些思考，和大家共同交流探讨。

任远

2013 年 5 月 19 日于复旦大学

目 录

第一章

社会建设的定位和布局

中国当前正处于社会转型的关键时期，这种宏观历史意义上的大转型，决定了在社会主义现代化过程中的国家社会建设的基本方向。社会建设的目标在于构造一个具有良好社会秩序、促进社会流动性、建设安全和有保障的社会机制，以及实现平等和自由的社会公共生活。这样的社会建设需要以人的充分全面发展为基础，并以实现人民生活的富裕和幸福为发展的追求。

一、五大建设和全面建成小康社会

“十八大”为国家未来十年发展确定了基本的行动纲领，丰富了中国特色社会主义道路的总体布局，提出了“为全面建成小康社会而奋斗”的战略目标。这个总体布局就是要建设社会主义市场经济、社会主义民主政治、社会主义先进文化、社会主义和谐社会、社会主义生态文明。因此，面向未来十年的国家发展，需要通过经济建设、政治建设、文

化建设、社会建设和生态文明建设的五大建设，实现全面建成小康社会的发展任务。

第一，全面建成小康社会要求五大建设的整体发展。

全面建设小康社会要求国家发展的五大建设实现整体进步。如果五大建设的某个方面发展得相对过慢，会制约全面建成小康社会的步伐。从我国经济发展水平看，已经成为世界第二大经济体，从人均 GDP 的水平看，已经基本实现了预期的小康社会目标。但是相对于经济发展水平提高很快，政治建设、文化建设、社会建设和生态文明建设等领域的进步还相对不足。在政治建设方面，民主法制建设还有待大力推进；在文化建设方面，文化软实力建设以及国家发展的文化价值塑造、文化自觉和文化自信的确立还需要加以提升；在社会建设领域，收入分配差距扩大、社会结构分化加深，社会矛盾和社会冲突加剧，城乡之间、地区之间的发展不平衡性还很突出；在生态文明建设方面，资源消耗和生态环境恶化的局面还显得非常严峻。

因此，全面建成小康社会不仅要求 GDP 水平继续提高，同时要求人民收入水平的提高，要求推进社会民主和依法治国，要求公民道德的进步和文化的繁荣，要求人民生活的整体福利提高，要求推进社会的共同富裕和公平正义，以及实现生态环境的改善，等等。这些都要求国家建设各项任务的整体进步。这也要求在全面建成小康社会的过程中，对五大建设中存在“短板效应”的方面尤其应该加以重视。跛脚的发展或者不平衡的发展必然难以成为可持续的发展。因此，实现五大建设的整体进步、平衡发展，是全面建成小康社会和探索推进中国特色社会主义发展的应有之义。

第二，全面建成小康社会要求五大建设的协调发展。

全面建成小康社会的发展过程，不仅是各项建设任务的整体推进，更应重视五大建设间的相互联系、相互支持和相互促进。

例如只有通过经济建设的持续进步，不断推动经济发展方式转型和劳动生产率的提高，推动产业结构调整和新兴经济产业的发展，才能够带动城市化过程，才能够保证人民收入提高、就业率提高和社会福利水平提高，也才能够为社会、文化、政治和生态文明建设提供经济基础。

社会建设也会影响经济建设和其他各项建设事业的发展，如果劳动者经济收入提高缓慢，城市化过程中的农民工市民化发展缓慢，或者社会保障体系发展不足，就会限制劳动者的经济购买能力，限制内需的提高，则社会建设不足会转而成为经济进一步发展的阻碍。如果社会力量发展不足、社会运行体制发育不足，也会弱化人民群众增强民主、参与公共事务和实施民主监督的能力。只有通过有效的运行机制组织发挥社会力量，发挥出社会力量的积极性和创新性，才能够推动国家发展各项事业的进步，也才能够更好地维护和实现人民群众的自身利益。

同样，政治建设不足也会弱化或者扭曲市场的作用，政府权力过度干预经济社会过程，以及不恰当的政府职能定位，会扭曲资源配置，或者带来低效率的资源配置，并可能限制新兴经济的发展空间。如果法制建设不能得到良好推进，则难以保证依法治国、依法行政和保证社会有序运作，社会秩序规则难以得到有效建立，增加社会运行过程中各种违规和乱象，并在社会转型期中进一步加剧社会利益关系的失衡。

重视构筑五大建设之间的相互支持、相互促进的关系，比推动五大建设本身更加重要。五大建设之间形成五位一体、相互联动，才能实现全面建成小康社会的总目标。五大建设之间如果形成相互制约、相互抵触、相互扭曲的情况，则会背离科学发展和中国特色社会主义的使命。

第三，全面建成小康社会要求五大建设的改革发展。

任何一个国家，以及在国家发展的不同时期，都必然重视推动经济、社会、政治、文化和生态环境的发展。而未来十年我国处于建设中国特色社会主义和实现中华民族伟大复兴的关键时期，在这个关键历史时期实现全面建成小康社会，面临着更加复杂的矛盾，面临着更加突出的困难。推动国家发展的五大建设，也因此面临更加艰巨的历史任务，需要更大的改革勇气和改革突破。

改革中出现的困难和问题需要通过进一步改革开放来加以解决。因此，全面建成小康社会需要对影响国家发展的若干重大问题进行改革探索，在国家建设诸多领域，需要在探索发展方式转变、发展机制塑造和发展利益分配等突出问题上进行勇敢的改革攻关。

国家建设需要探索发展方式的转变才能适应新的历史阶段，开拓出新的战略机遇。在当前时期，推动前三十多年来改革开放的改革红利、人口红利、国际格局红利等都已经基本耗尽，我们无法再通过低成本劳动密集、出口导向和资源环境消耗型的经济发展方式来推动经济发展。因此未来十年发展中，国家建设各个层面的工作都需要通过转型升级重塑发展动力，而转型升级的实现依赖于改革发展。

国家建设的过程本身就是发展机制的完善和塑造的过

程，也是中国特色社会主义制度的不断完善和探索的过程。五大建设所面临的突出矛盾、主要壁垒和关键问题本质上是体制机制束缚了发展，因此尤其需要通过体制机制的改革来完善社会主义市场经济体制、社会主义行政管理体制、社会主义的社会运行体制和社会主义的文化体制等，并推动国家建设的有效治理格局不断完善。这样的体制机制建设过程也依赖于深化改革发展。

国家建设面临问题的根源在于社会利益关系的分配和协调。利益问题一定程度上是改革过程的核心问题，五大建设的过程都涉及“做蛋糕”和“分蛋糕”问题，也都需要通过合理的机制来创造财富和实现财富的合理分配，包括在城乡之间、地区之间、中央和地方之间、不同社会群体之间实现良好的利益协调和利益分配。突破限制发展的利益格局，并确保发展的收益实现社会共享，也只有通过改革发展才能实现。

发展方式的转变、发展机制的塑造和发展利益的分配等若干方面是相互紧密关联的，国家未来的改革发展必然会触动原有的利益结构、改变原有的体制机制，并因此能够创造出不断推进的中国特色社会主义实践。未来十年是中国特色社会主义建设事业的关键时期，需要在全面建成小康社会的过程中推动五大建设，并通过五大建设实现全面建成小康社会的目标。需要在改革开放深化期中推动五大建设，并通过全面推进五大建设来深化改革开放。只有整体性地推进五大建设，才能在当前的历史时期完成全面建成小康社会的任务，推动国家稳定发展和健康发展，建设出一个社会主义现代化的强大国家。

二、社会建设是全面建成小康社会的推动力量

社会建设是中国特色社会主义五大建设的组成部分。社会建设需要和经济建设、政治建设、文化建设和生态文明建设相协调，因为社会建设不足将会构成其他各项事业发展的阻碍，或者说通过社会建设才能更好推动经济建设、政治建设、文化建设和生态文明建设。

从社会建设和经济建设的关系看，我们往往认为低成

本劳动力是经济发展的优势，改革开放以来 30 多年的经济奇迹也一定程度上利用了这种低成本劳动力优势。但是实际上，随着经济发展到一定阶段，我们转而发现如果居民收入不能提高、居民社会保障发展不足，会造成消费占 GDP 比重过低，反而带来经济发展内需不足。我们发现，在城市化过程中，流动人口储蓄率高、投资率低，限制了资本形成，这些也是与流动人口难以有效融入城市社会、难以实现市民化相联系的。社会建设往往被认为是社会福利，是一种经济运行的成本；而在另一个方面，社会发展本身也构成经济发展的动力，例如欧洲在金融危机后不是社会保障较高的北欧，反而是社会保障较低的南欧受到经济冲击更小，在社会保障水平更高的北欧国家，国家经济的稳定性和发展能力反而更强，这些都说明了社会福利可能不仅不会限制经济发展，反而提供了经济发展的保障和动力。再例如在金融危机过程中的德国，其失业率并没有显著提高，因为通过工业系统和企业的相互协议，增加了教育培训，从而更好地适应了经济结构转型，使德国成为金融危机以后较早复兴的国家。我们也看到，无论是教育培训，还是医疗健康服务以及促进移民的社会福利，都是一种社会福利建设，同时也是重要的人力资本投资，并表现出对经济发展的积极影响。在我国发展的当前时期，中长期的人口结构发生显著变化，人口红利逐步消失，需要从劳动力投入的经济模式转向人力资本依托的经济发展模式，依靠创新驱动，而创新的发展也只有依靠教育培训的提高，依靠民间小微企业的发展和创新精神。城镇化构成中国当前发展的主轴，而推进城镇化的重要内容，也在于需要通过社会建设推进市民化。只有这样，才能够实现城乡二元结构的融合，才能培育出一个巨大的中产阶级，才能真正使城镇化过程成为支持经济长远发展的不竭动力。这些都说明，只有更好的社会建设，才能更好地推动经济发展。中国国家发展也需要从依靠经济财富增加带动社会建设的阶段，过渡到依靠社会建设促进经济发展方式转型和推动经济转型升级的阶段。

从社会建设和政治建设的关系看，政府权力的过度扩张、公共利益不能得到有效维护，还并不主要是由于政府决策错误，而是因为社会力量的发育不足。政党和政府腐败问题的出现和日益严峻，也并不主要是政府管理者的道德品质出了问题，而是缺少社会力量的有效监督。因此从促进社会建设和政治建设的有机协调来看，政党需要从变化的社会中调整自身，以更好地适应社会的变化，更好地发挥整合、领导的作用。也只有通过社会力量的充分成长，通过更多的社会参与和民主决策，使公共预算能够更好地实现公共利益，使公共权力在阳光下运行。只有这样，才能够有效监督政府权力，才能制定更加公正合理的公共政策，才能使政府逐步转变为公共服务型政府，才能真正推动政治民主化，才能形成对领导者和对公共权力的有效监督，才能够使政府公共政策更好地代表社会最大多数人口的利益。

从社会建设和文化建设的关系来看，文化归根到底是社会生活方式的反映，没有丰富多彩的社会生活和社会创新精神，必然难以实现文化的繁荣发展。文化作为意识形态，不是飘浮在社会之上被创造出来的，文化本身是社会存在的反映和提升。社会实践和社会生活提供了文化发展的土壤和基础，只有扎根社会、理解社会的具体变迁，才可能形成具有中国视野的思想理论观点，也才可能形成民族的、大众的和面向未来的文化。脱离了社会基础的文化价值观念、发展模式都会成为无源之水，难以切合国情，而且一些离开社会实际的空洞概念，并不能很好地应对和解决国家发展的实际问题。只有从国家的社会生活本身，才能提炼出符合中国国情的中国概念、中国经验和中国理论，来推动国家的发展。同时，也正是因为社会生活的多样性和丰富性，才能推动促进文化的多样性和繁荣发展。在另一方面，我们将社会价值观的混乱、道德秩序的失范归咎于社会，而实际上道德失范不是社会秩序不足，而是法律秩序发展不足。社会内在具有着积极的力量，从公众的民意中看，都是普遍反对黑心食品、批评见老人摔倒而不救等社会丑恶现象，因此所谓道德失范不仅不是社会失范，而是社会建设不足。对于公共道德的追求正是一种社会共识，在此基础之上，才能形成良好的社会道德和社会秩序。社会公共道德的建立和弘扬，才真正构成了社会机制自我修复的根本动力。

从社会建设和生态文明建设中看，我们同样能够看到社会建设对于推动生态文明建设的积极作用。生态环境的恶化受到经济发展方式的影响，同样受到消费主义的社会生活方式、受到人们环境不友好乃至环境破坏的生活方式的影响。因此只有通过对生态环境的伦理改变、社会生活方式改变，才能形成环境友好的行为规范，对生态环境友好的社会才有希望。例如，当前城市化过程中的垃圾问题日益突出，如何使垃圾能够减量化、使垃圾成为可再生的资源，这要求居民的社会生活方式有相应的改变，也需要居民的积极参与才能实现。我们也已经看到，日益增强的环境社会参与和环境组织的发展，能够有效地推动环境问题的公共监督，并推动环境治理向着更加多元力量共同推进的方向转变。

因此，我们可以看到，社会建设对于经济建设、政治建设、文化建设和生态文明建设具有重要作用。社会建设不仅是全面建成小康社会的组成部分，同时是推动全面建成小康社会的推动力量。改革开放进入了一个新的历史时期，如果说前一个历史阶段中，经济建设是推动国家发展的根本动力，那么可以认为当前时期的社会建设，已经具有了推动国家建设和国家发展的动力机制的重要作用。只有在社会建设的平台上发力推动五大建设协调进步，才能够更好地建设中国特色社会主义道路。

我们也同时意识到，经济建设、政治建设、文化建设和生态文明建设的不足，也同样会在社会建设上表现出来。经济的分配机制如何完善、政治的民主化和治理格局如何推进、价值观引导作用和文化育人功能、生态环境的公平性和福利性的提高，都会影响社会建设。从这个意义上看，当前社会领域中出现的问题，相当大程度上不是社会发展本身的问题，需要从经济、政治、文化、生态环境建设中寻找原因。只有五大建设形成良好协调体系，才能更好地推动社会建设，才能建设和谐社会，也才能更好地实现全面建成小康社会和实现社会主义现代化的目标。

三、社会转型和社会建设的方向

中国正经历着深刻的社会转型。

（1）社会秩序结构转型。在传统中国，社会秩序结构是依靠差序格局组织起来的。在社会主义中国建立以后，社会秩序结构是依托着单位体制和人民公社体制建立起来的，个体生活被附属在单位和人民公社体制下。随着单位制的解体，计划经济体制下通过单位来组织社会生活的组织模式随之瓦解，具有独立性的社会个体重新出现，成为独立的权利和责任主体。随着社会生活日益个体化，社会发展要求以个体权利和人的全面发展为基础，在家庭、社区和社会组织化的基础上，重新确立社会秩序结构。

（2）社会结构的形态在转型。中国正经历从城乡二元结构向一个一体化的社会结构转型，工业化为这样的社会结构转型提供动力，在这一过程中社会的阶层结构向上流动，逐步成长出一个巨大规模的中间阶层，并以此支撑中国的社会发展和现代化过程。

（3）社会风险的类型在转型。传统农业社会的风险主要是自然风险。土地提供了应对自然风险的基本保障，随着工业化和向现代社会过渡，整个社会风险日益复杂化。现代社会的风险包括经济金融的风险，包括生态环境体系的风险，也包括社会失范和社会冲突的风险，也包括全球化的风险，现代社会的本质也就是一个高风险的社会。特别在全球化的影响下，人类社会的风险与全球体系的风险结合在一起，这就需要发展出更大的全球性社会体系来应对发展的风险，同时要求更完善的全球公共管理来应对转型期风险。

（4）社会交往的模式在转型。随着现代化的进程，社会交往的紧密性和丰富性随之扩展，如同涂尔干提出现代社会改变了传统社区中紧密的面对面的交互，而发展起更加契约化和更加扩展了的社会交往网络。费孝通也提出中国从“熟人社会”走向“陌生人的社会”，社会交往的范围、原则和丰富性都极大地扩展了。在城市化过程中，农民和流动人口原来的生活社区被改变了，城市化不仅需要提供就业，也需要重新提供出新的社会交往空间和社会生活的网络体

系，而社会交往网络的城市再造，也就是社会生活的城市化，比经济就业甚至更加困难，也比经济就业更加重要。特别是随着网络技术的应用，中国社会也从“陌生人的社会”更转向了“虚拟人的社会”，社会交往以膨胀性的速度得到扩展，使社会联系的方式和形态都得到极大扩展。

从社会转型的视角出发，未来中国的社会发展和社会建设也就相应面临以下四个基本的任务：第一，如何在社会秩序结构重组的过程中建成现代社会的秩序体系。这就需要通过一定的秩序结构将个体化的个人有效整合为社会。这不仅需要积极培养和发育社会，并需要实现社会力量的有效组织，并使有效组织的社会力量整合进入社会结构。第二，如何在结构转型的过程中保证社会的流动性，破除影响社会流动的制度壁垒。改革开放以来中国发展的巨大成绩，一定程度上正式打破了社会内部流动性的壁垒，通过开发城市暂住证，通过非公经济形态的发展创造出巨大的流动性和发展活力。而未来社会建设的担忧则在于，我们是否能够继续开放出社会发展的流动性，并让这种流动性推动国家发展。在这种社会转型的过程中积极稳妥地保持一种开放性的社会流动性，推动社会结构向上提升，这一方面要求整个社会需要具有足够的创新精神，不断创造出新的社会空间、就业空间和发展空间，从而为社会流动性向上提升提供可能。另一方面要求积极破除社会流动的体制壁垒，如果制约了社会的流动性，不仅个人难以成长和发展，社会结构也难以得到提升，社会流动性的壁垒的强化则有可能出现社会结构断裂，并使整个社会以一种非常激烈的方式重新组织社会结构。第三，如何在社会风险的转型的过程中积极预防和化解社会风险。

农业社会的保障只能适应农业社会，城市化和现代化以后的社会生活，完善现代社会的社会保障体系、缓解社会风险和维护社会稳定需要加强科学的管理，同时需要通过维护不同社会群体的合法权利，并通过协调公共利益来实现。对于社会保障体系的建设，也不仅仅是需要完善作为社会福利体系的养老医疗保险体系、救济救助和社会服务，更包括如何应对现代社会风险的国家和社会整体安全体系的构建。第四，如何在社会交往模式的转型中确立社会运行的规则，这样的社会运行规则需要保障社会的公民享有平等自由的权利，也需要法律制度等规则体系来加以保证，从而为公共社会交往和社会行动确定规则。

中国当前正处于社会转型的关键时期，这种宏观历史意义上的大转型，决定了在社会主义现代化过程中的国家社会建设的基本方向。社会建设的目标在于构造一个具有良好社会秩序、促进社会流动性、建设安全和有保障的社会机制，以及实现平等和自由的社会公共生活。这样的社会建设需要以人的充分全面发展为基础，并以努力实现人民生活的富裕和幸福为发展的追求。

四、国家社会建设的探索和推进

加强社会建设是中国特色社会主义的基本要求。党和国家发展的根本目标是让人民群众富裕起来，实现生活幸福。在努力实现全面建成小康社会的发展蓝图中，国家的发展目标显然并不仅仅重视 GDP 的提高，而是更加强调建设经济富裕、社会公平、道德文明、更加民主和谐、规范有序和具有可持续性发展的现代化国家。这要求在国家发展的当前时期，需要重视将社会建设作为全面建成小康社会的重要内容和组成部分，乃至使社会建设成为全面建成小康社会的推动机制。

对国家社会建设的探索实践是和社会主义国家建设的整个过程相联系的。正是基于对中国国情和社会基础的准确认识和社会动员，中国共产党才实现社会主义革命的胜利，才准确确定社会主义初级阶段的发展目标，才确定国家社会主义现代化的发展路径。在新中国建立以后，对于社会主义国家体制下如何加强社会建设也一直在探索实践。新中国成立以来我国的社会建设的不断探索可以表现为几个具有不同侧重方面的发展阶段：

第一个阶段是计划福利模式下的社会建设时期，单位制度和人民公社一定意义上构成计划体制下的福利分配和社会建设的方式。

第二个阶段是市场效率原则下的社会建设时期。单位社会解体以后，基于市场消费的社会形态是个体社会，在这一时期将不同人口群体的社会服务需求推向市场。特别是20世纪90年代以来，我们将在经济领域的成功经验运用到社会领域，强调社会事业社会化，包括提出社会事业产业化，其主要目的在于引导对社会领域的多元投入。而用市场效率原则组织社会服务供给和社会建设，也产生了一定的副作用，社会服务竞争性的扩大加剧了收入差距和社会福利差距。

改革开放以后特别是十六大以来，党和国家对于社会建设的总体目标和建设路径日益成熟，可以说是进入到了全面推进国家社会建设的发展阶段。2002年党的十六大提出“社会更加和谐”的奋斗目标。2004年，党的十六届四中全会提出建设和谐社会。2006年党的十六届六中全会作出《中共中央关于构建社会主义和谐社会若干重大问题的决定》，明确指出社会和谐是中国特色社会主义的本质属性，积极推进教育、卫生等各项民生福利建设。

在这个阶段中，我国的社会建设转向公益原则下的公共服务模式。本世纪以来，社会建设更加强调社会事业的公益性，推动公共服务型政府、推动各项民生福利的改善、推动收入分配改革和追求社会公平，努力建设和谐社会。在这种公共服务模式下的社会建设指引下，我国近十年来的社会建设取得了扎实的成绩：新医保实现全覆盖，新农保得到很快推进，城乡免费义务教育全面实现，教育财政开支达到了GDP的4%，社会保障房建设制定了积极的目标规划。在民生领域的公共投资规模扩大，各项社会事业和民生福利稳步得到进步。以流动人口的社会管理为例，历史地看，外来人口正逐步被城市社会吸纳和市民化，到2005年以来，中央政府和地方政府积极讨论如何促进流动人口的社会融合，加强基本公共服务均等化。客观地看，流动人口在教育福利、户籍改革、医疗卫生和社区卫生服务上正逐步推进，表现出积极的社会进步态势。

以公共服务为主导的社会建设，主要还是一种社会事业建设。目前我们讨论得很多的社会改革，包括住房保障、医疗卫生改革、新农合、新农保、教育改革等等，基本还是以民生为重点的社会福利改革。其主要的意义在于通过民生福利的提高，解决当前面临的社会问题、缓解社会不平等，缓解不同社会群体的利益冲突，并重新为维持稳定、促进社会整合建立共识。

到2007年党的十七大时，在原来经济建设、政治建设、文化建设“三位一体”的社会主义建设事业总体布局中，加进了社会建设，发展为“四位一体”的总体布局。2007年党的十七大报告还提出要“建立健全党委领导、政府负责、社会协同、公众参与的社会管理格局”。2011年2月19日，胡锦涛总书记在省部级主要领导干部社会管理及其创新专题研讨班发表的讲话中强调，要“扎扎实实提高社会管理科学化水平，建设中国特色社会主义社会管理体系”，提出加强和创新社会管理。在2012年十八大上提出“加强形成党委领导、政府负责、社会协同、公众参与、法制保障的社会管理体制”，“加快形成政府主导、覆盖城乡、可持续的基本公共服务体系”，“加快形成政社分开、权责明确、依法自治的现代社会组织体制”，“加快形成源头治理、动态管理、应急处置相结合的社会管理机制”，可以说完整地提出了当前加强创新社会管理的整体规划。加强和创新社会管理，是当前加强社会建设的最新的探索，这也表明党和国家对于社会建设的整体认识在不断深化，并通过逐步解决社会建设目标定位、工作格局和建设路径问题，通过顶层设计的方式逐步部署到位。

当前我国的社会建设已经进入到以加强和创新社会管理为主体内容的社会体制机制建设时期，其关注的核心问题，在于社会本体的发育和运作、社会结构的转变和优化、社会力量的组织和动员、社会参与的推动和实现、社会运行的维护和保障、社会治理的建构和实现。对于构建社会整体格局来说，社会发展的体制机制建设是社会治理体系建设的基础，也是社会建设的核心内容。如前所述，如何实现这样的有序运行的社会、有活力的创新性的社会、有能力的主体性力量发挥作用的社会，将是未来社会建设的方向。从某种意义上说，社会领域的探索和创新与经济领域的改革和创新同样重要，通过社会创新改善民生和实现良好的社会生活，通过社会创新协调社会矛盾和实现协调平衡的社会稳定，通过社会创新加强社会组织建设和实现社会的良性运行，这都构成我国当前社会建设的重要内容。

客观来说，如何促进社会本身的培育和运作、社会结构如何转变和优化、社会力量如何组织和动员、社会参与如何推动和实现、社会运行如何维护和保障、社会治理的建构和实现，对这些问题的探索实践还刚刚起步。对于继续推进社会建设的加强和创新社会管理，我国已经有了一些初步的探索，也形成了一些富有特色的模式。例如广东在社会建设上成立社会工作委员会、社会创新专家咨询委员会。合并镇成为区，并在区下撤街道成为社区，开展扁平化管理。发展社会组织，放开社会组织的登记，政府购买服务，将人民团体改造为枢纽型社会组织。在杭州正进行着复合型社会组织的探索。在上海通过社会创新产业园推动社会组织培育，等等，表明我国社会组织正逐步在体制内被发育出来。这些实践都是很有特色的中国经验，使社会建设过程出现了国家促进社会实现自我组织、国家引导社会组织发挥作用、引导国家和社会形成良好的协同的积极作用。但在另一方面，我国在社会体制建设过程中还存在很多体制障碍，值得进行更深层次的社会改革来加快推动社会体制建设。

从一定意义上说，只有有了健康和不断成长的社会力量，才能推动规范和实现更加完善的政府。而且只有社会得到更充分的发育，才能够避免过分依赖政府推动的发展模式。从全球化的进程来说，全球公民社会的力量得到成长，正逐步在世界政府合作体系之外寻找推动全球治理的新动力，这样的一种全球公民合作的趋势也要求中国能够扩大国际社会组织的进入，并倒逼中国推动社会组织的发展。因此，无论从进一步深化全球治理，还是调整当前过分依赖政府的发展模式，都需要社会建设在继续重视社会事业建设和增强民生福利的基础上，进一步加强和创新社会管理的社会体制机制建设。因此只有建设社会主义公民社会，才能够不断建设和完善有中国特色社会主义的国家治理格局，并能够应对全球治理的更高层面的要求和挑战。

近十年来，我国的社会建设已经进入到更深层次的探索和全面推进的时期，从对社会建设的探索和实践来看，我们对社会建设的理解从重视民生福利建设到加强和创新社会管理，从重视维护稳定的被动性的社会建设到更加发挥人的积极性的主动性的社会建设，这些是社会建设内涵和方式的深化，也是改革过程中对中国特色社会主义探索的深化。

同时，新中国成立以来我国社会建设在不断探索和推进。这些不同阶段的发展探索不是后一个阶段取代上一个阶段的关系，而是社会建设通过不同的侧重点不断丰富完善自身的探索过程。即使在当前时期，福利主义的社会建设、市场体系的社会服务产业运作，包括基本公共服务的均等化和社会运行体制的探索都同时存在，不过是在不同的历史时期，根据社会经济发展的不同背景，以及国家建设的突出任务，社会建设工作的重心在不断调整探索和推进。

五、社会建设的三个层次

随着经济改革的日益深化，社会建设显得越来越必要和迫切。因为经济改革到了一定阶段必然会带来国民生产总值的快速提高和生活发展质量进步缓慢的矛盾，带来社会群体利益多元化和分化，相应地会出现社会贫富差距，带来社会转型和社会结构的调整，增加社会矛盾、社会风险等等。同时原先在单位体制包裹下的社会、在国家力量完全控制下的社会日益成长起来。这样的社会发展背景，要求我国要适应性地推动社会建设，并且要有适应新的历史时期的组织机制来推动社会建设。笔者认为，社会建设包括三方面的内涵，针对这三方面的内涵，我们的社会建设要重视三个层次的制度性建设。

第一，社会建设首先要求社会事业的发展和完善。

社会事业包括教育、卫生、文化、体育、就业、社会保障、社会治安，等等，社会事业的发展和完善也就是通常说的学有所教，劳有所得，病有所医，老有所养，住有所居。改革开放以来，公共财政中用于社会事业的投入和发展与 GDP 的高速增长不够适应，甚至相对于生产性投资的增加，社会事业和民生福利投入比重还有所下降。一方面我国的财政能力空前地强化，而另一方面民生福利的支出和积累滞后。这说明，近年来财富的积累很大部分用于扩大再生产和生产性积累，经济增长的利益尚未充分用于社会事业和公共福利而为社会多数群众所共享共有。

因此，社会建设的第一个层次的制度性建设就是如何能够完善对各种社会事业和公共服务有效的供给体制。这些供给体制要计算需求的总量和供给的总量，要估算财政供给能力，估算分级财政体系的相应配合和不同的安排。以社会事业的条线为部门来推动相关改革和加强有关制度建设是非常有必要的。同时，也需要加强对社会事业运行的监督机制，保证社会事业的资金投入真正落实到民生福利的改善，而不是被挪作他用。

总体来说，各种社会事业的制度建设和社会性公共服务的提供直接关系到民生福利。当前改革开放进入新的时期，人民群众对公共服务的需求日益扩大，社会事业制度建设是公共服务能力提高的保证，是公共服务供给公平性的依托。

第二，社会建设要求加强对社会空间的组织、管理和社会体系的良好运行。

随着单位制度逐步瓦解，社会领域开始逐步发育和成长，基层社区开始发育，公共生活的空间开始扩大。但对社会领域如何加以组织和管理还缺乏手段，社会整体的组织化还比较弱，社会建设需要将社会活动有效组织起来，实现社会体系的良好运行。

社会体系得到有效的组织和良好运行，包括完善社会组织的申请建立、有效管理和有效监督，包括独立和强大的社会部门如何有效筹资、有效成长、有效发展。我国当前的社会组织有几种类型，一种是政府性很强的社会组织，一种是从政府的部门脱胎出来或者依附于政府的各种中介组织，还有一种是比较草根性的独立性的民间组织。这三类社会组织都存在各自的问题，需要区别地采取对策，但总体上都是要促进其自主发挥社会管理作用，政府对此提供支持和监督。如果社会领域的社会组织发育薄弱，整个社会领域就会缺少骨干力量；同时，社会领域的运行缺少法律、规则，也难以形成社会合理运行的机制。社会难以得到组织化，就会过分依赖政府的行政管理，不仅加重政府负担，也难以对政府发挥作用进行有效的监督。因此，社会建设的基础是要有社会组织和社会运行的规则，要学会培养民间组织，发挥社会组织的作用，保证良好的社会运行，保证公共利益的实现。

对社会部门实现良好管理和有效运行，还有一个重要的制度建设是要培养从事社会事务的工作人员，也就是与企业家和企业雇员类似，要有一个社会部门的“社会企业家”和社会工作者队伍，他们能够推动社会创新，提供专业和细致的社会服务，满足社会居民的需求。他们发展出具有创新性和发展潜力的社会项目，通过非营利和动员社会力量来促进各种社会问题的解决。这样的一个社会建设的人力资源队伍不能仅仅依赖志愿服务，需要适应社会的成长完善相应的社会部门人力资源管理体制的配套。

第三，在社会建设深化的同时，要求治理结构的改革和突破。

社会的变迁、社会力量的成长本身也意味着政党和政府、企业和社会的关系在进行不断的调整和变化，意味着党建的工作定位和工作方式、政府的职能和企业发展的制度环

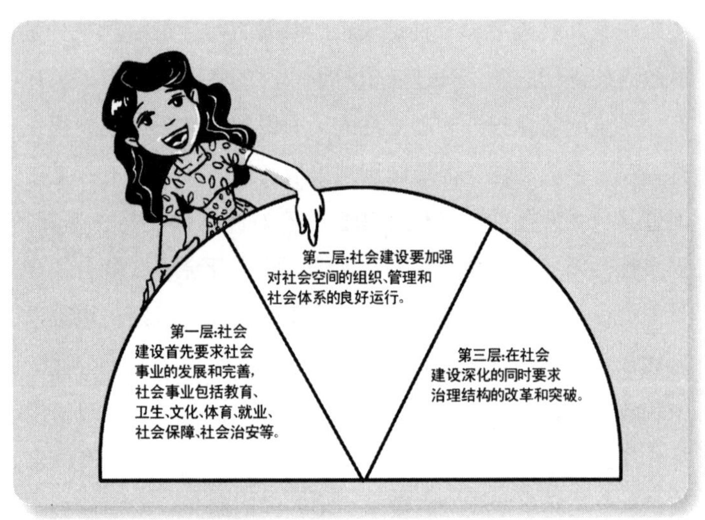

境和目标追求都需要相应调整和再定位。社会建设的另一层含义在于，如何从国家整体改革和治理结构变革中加强和创新社会管理，如何通过法制的建设来促进社会运行的规范化，如何统合和协调国家和社会的关系，如何构造党和社会的密切联系，等等。

社会建设突出提出党要提高领导社会的能力，也要求党要从社会生活中获得更多的力量源泉，加强执政的能力。政府的责任也要向社会回归，不是单单追求经济资源的扩充，以及不断扩展官僚化的行政体系，而是要从社会共同利益中寻找自己的公共行政的目标，不是靠命令、管制来控制社会，而是要提供公共服务。因此和谐社会的社会建设要求重新思考、加强和改善党和社会的关系、党组织和行政组织的关系，社会民主、公共决策和行政管理体制的关系，并重新从变化的治理结构中寻找发展的生命力，寻找更加充分的多元利益的表达机制，实现行政管理体制公共决策的民主化、法制化和制度化。我们党提出要形成由党委领导、政府负责、社会协同、公众参与、法治保障的社会管理格局，这不仅要求推动相关行政管理体制改革，更要求实现国家治理结构的调整和深化，这也意味着社会建设本身就是改革开放的不断深化。

第二章

社会建设的挑战和任务

在改革开放深化期的当前阶段，各种发展中的问题、发展中的矛盾冲突都表现得更加突出。这些发展中的问题和矛盾主要是社会建设存在的问题和不足，或者是经济建设、政治建设、文化建设和生态文明建设领域存在的不足在社会领域中表现出来。社会发展成为当前国家建设中最充满风险、充满不稳定的领域，这使社会建设在一定程度上成为改革深化期国家发展的核心任务。

一、社会建设领域存在的不足

在经济发展基础上追求社会进步和人民幸福、建设和谐社会，是中国特色社会主义道路的基本要求，也是未来十年全面建成小康社会的重要内容。在改革开放深化期的当前阶段，各种发展中的问题、发展中的矛盾冲突都表现得更加突出。这些发展中的问题和矛盾主要是社会建设存在的问题和不足，或者是经济建设、政治建设、文化建设和生态文明建设领域存在的不足在社会领域中表现出来。社会发展成为当前国家建设中最充满风险、充满不稳定的领域，这使社会建设在一定程度上成为改革深化期国家发展的核心任务。当前时期，我国社会建设领域存在的不足主要表现在四个方面：

第一，物质财富迅速增长而社会发展进步不足。

在 20 世纪 60—70 年代，国家发展面临的突出问题是绝对贫困，也就是落后的生产力水平难以满足人民群众的生活需求。这也因此能够解释我国改革开放的最初动力和最直接的诉求就是提高生产力和追求经济增长。经过 30 多年的改革开放，生产力严重落后的问题已经初步有所缓解。通过实行改革开放，吸纳国际资本投资和实施工业化战略，通过逐

步确立社会主义市场经济体制，以及在2001年加入WTO和国际贸易体系密切结合起来后，我国经济实现了长期快速增长，30多年来经济的年均增长率达9%～10%，取得了举世瞩目的经济奇迹。我国当前成为世界第二大经济体。人均GDP达到5500多美元，已经接近基本现代化目标，按照购买力平价法甚至已经超过9000美元。

相对于经济发展取得的突出成就，就全面建成小康社会的发展目标而言，我国的社会发展速度落后于经济发展速度，社会发展水平落后于经济发展水平。例如我国居民收入的增长率落后于GDP的增长率，劳动者工资的增长率落后于人均GDP的增长率，以及在财政支出中生产性财政支出挤压非生产性财政支出，一定程度上表现出在资本积累和社会分配上的失衡。社会发展相对滞后于经济增长，表现在教育支出增长缓慢、教育的不公平性增强，教育的代际壁垒强化，教育的地区不平衡问题更加严重。从社会保障领域看，社会保障覆盖率的提高速度落后于经济增长率，我国城乡社会保障建设状况只相当于20世纪60—70年代的台湾地区和韩国，大量农民工在城镇的社会保险覆盖率只有20%左右。农村地区的社会保险水平也显著低于城镇社会保险，全国统一的社会保险体系还远未形成。一些社会发展显得还比较落后，例如我国在WHO卫生筹资和医疗公平性指数全球排名中，倒数第四；社会道德和社会信任甚至还在退步，等等。甚至，我国的经济增长很大程度上还是以社会民生福利的下降为代价而取得的，例如在经济GDP的背后，存在生态环境资本和生态环境发展能力的退化和损失，在经济增长的奇迹背后，存在劳动者就业保护的缺乏、健康损害的增加。以至于学者批评中国发展取得成绩是“低人权的优势”，是血汗工厂的经济模式，是生态环境的严重恶化。

应该看到，经济发展下社会发展进步不足不能是说社会建设的绝对退步，而是说相对于经济发展的进步的社会领域进步相对不足，是由于经济收入水平提高，人们对社会生活需求和文化生活需求的快速提高不能得到很好满足。例如当前人们已经不满足于吃饱，而是需要吃得健康，更加重视食品的绿色性、食品的安全性。随着经济富裕，人们对于身体健康、文化娱乐的需求也逐步提高，因此需要发展更加丰富的文化体育休闲服务的供给。在经济水平提高以后，人们对于消费需求和社会服务需求的提高，需要相应的社会福利事业的进步。因此我国社会发展水平相对缓慢和滞后，更主要是相对于经济快速发展的相对不足，相对于人民生活水平和生活需求提高后的相对不足。

第二，社会结构分化扩大而社会利益协调不足。

计划经济体制下的社会是一个高度统合、经济体系和社会体系高度一体化的社会，社会结构整体也相对一体化，整个社会被认为是由工人、农民两个阶级和知识分子一个阶层所组成。改革开放以来，这样的总体性社会开始分化：社会分化为不同的社会阶层，有将中国社会分为十二个阶层的说法。第二个分析视角是社会出现了不同利益诉求的社会群体，在社会转型过程中，不同社会利益群体的利益分化和利益冲突更加突出，在城市化过程中、产业发展过程中，从计划经济向社会主义市场经济转变的过程中，不同利益群体具有自身利益，这些利益可能相互冲突并构成社会矛盾的根源。同时，人口结构变化也带来代际利益的冲突，不同代际人口的发展机遇不同，同时新生代人口可能面临的更加封闭的社会流动结构强化了他们的不满和冲突，例如新生代农民工在自身利益发展上表现出与其上一代农民工不同的权利意识和对城市公共服务的诉求。相对来说，阶层之间的利益冲突和社会群体的利益冲突表现得日益显著，不同代际的利益冲突和利益平衡正开始表现出来。

正是社会结构分化、社会利益结构分化，使社会矛盾尖锐化、群体性事件增加和社会冲突增加，这也是当前中国社会矛盾和社会冲突日益严峻的社会背景。例如，城市化过程中加剧了城乡差距和城乡发展的不平衡，大量迁移流动人口缺乏市民化，以及非户籍人口在城市中存在社会排斥和社会歧视，城市化过程中失去土地和征地拆迁群体的利益保障日益突出，经济发展过程中劳资纠纷问题更加严峻，经济发展中的收入分配差距扩大，对于中国总体收入分配的基尼系数有不同的研究结果，有的提出中国基尼系数现在已经超过

0.6，有的认为是0.5左右，但从20世纪70年代后期的不到0.3，到目前我国的收入分配差距、城乡差距都显著扩大了。在社会转型中的社会利益分化和缺乏利益的整合，造成社会矛盾和社会不稳定，强化了社会结构性分化和撕裂，使整个社会处于一个冲突日益加剧的火山口上。

社会转型过程中的社会分化扩大，是转型国家和发展中国家都普遍面临的现象。例如拉美国家在快速城市化过程中因为没有妥善解决这个问题，才带来长期陷入中等收入陷阱，直到最近才开始强调社会凝聚和社会团结，通过社会凝聚和社会团结来协调利益，由此带来拉美国家开始形成向上进步的良好态势。这些教训和经验值得中国借鉴和参考。

我国在社会转型的发展过程中要缓解社会分化，突破中等收入陷阱，需要特别重视社会利益的协调。改革到了当前阶段，现在问题不是大家吃不饱饭的温饱问题，而很大程度上是财富的分配问题，是改革以后的利益共享、利益平衡和利益协调问题。利益协调问题是实现社会凝聚的关键。如果不解决广泛的利益冲突，社会矛盾广泛和普遍化，将对国家治理带来不利影响，削弱政党的执政基础，并增大发展内耗，消耗发展动力。

第三，社会力量日益成长而社会动力运用不足。

所谓“中国模式”，或者中国发展道路，离不开对中国发展历史路径的分析。我国的国家发展从计划经济体制中转型过来，具有很强的由上到下的政府推动的特点。经济发展、教育、卫生等社会事业发展，科技文化建设，以及生态环境事业发展，广泛地依靠政府、依靠规划、依靠工程、依靠领导负责制。这样的发展模式，具有突出的优势和特点，也具有显然的局限性。

政府驱动的发展模式带来国家公共权力部门的扩张，如公务员部门日益庞大，增加了公共财政的压力，减弱了社会的生产性。更严重的是，公共权力直接介入经济和社会事务，在具有效率的同时，也容易出现资源配置效果的扭曲和诱发执政的腐败。同时，计划经济下的单一政府都处理不好复杂的资源配置和信息整合问题，改革开放以来经济社会发展日益复杂化，政府力量的有限性就表现得更加突出。社会生活日益复杂，人口流动性增强，信息化和网络社会发展，也使单纯依靠政府推动发展的传统模式表现出“不能承受之重”。

应该说政府主导推动的发展模式是脱胎于计划经济体制，其内在的必要性是由于中国具体国情和发展路径的影响，在公共权力之外的社会力量发展不足。而在另一方面，改革开放以来，在市场经济发展过程中，开始出现大量民间企业、民办非企业单位、社会部门、社会组织以及草根性的社会团体，社会力量得到相当大的成长，但是这些社会力量和社会组织的发展仍然受到相当大程度的约束，这些都要求需要更加依靠市场机制和社会力量来优化资源配置、促进平等竞争、创造经济活力。

过强的政府驱动的发展一方面可能挤压社会发展的空间，另外可能会限制社会力量的活力。例如在经济发展中，民间的经济在融资、土地、产业等方面往往受到歧视，小微企业的建立和融资还存在很大困难。在社会发展中，社会部门的成长也受到来自政府行政和制度安排的很大限制，户籍制度增加了社会流动性的壁垒，阶层封闭化也弱化了社会竞争和社会发展的动力，等等。改革开放以来中国经济取得的巨大成就，一定程度上正在于开放了社会空间和活性化了社会动力，大量农村剩余劳动力进入城镇（即使只是暂住，但相对于城乡分割的二元体制，也是一种社会活力的释放，是一种进步）。需要担心的是，随着改革开放的不断推进，社会空间和社会活力正在成长，而社会力量的发展面临的歧视和限制，将弱化发展动力，也容易使国家发展偏离公共利益的发展轨道。

社会动力的运用不足，其逻辑推论是进一步强化过度依赖政府推动的发展模式，强化传统发展模式下的政府单轮驱动。这样的发展模式，忽视了社会力量对于国家发展提供创新动力的作用，忽视了社会力量对于规范市场和规范政府的积极作用，忽视了社会公共利益对于改革发展的指引作用。中国的体制是一个强国家、强市场，或者说国家和市场紧密结合的体制，但是这样的发展模式也会带来一定的偏差。国家发展的当前时期，社会力量日益成长，但社会力量的能力和具体所发挥的作用还很薄弱，这就会形成日益成长壮大的社会力量和政府主导推动的发展模式的矛盾。因此国家建设需要通过发挥社会的力量，强化社会的作用来扭正治理格局，提供发展动力。

第四，社会空间日益扩展而社会管理支撑不足。

改革开放以来社会得到发展，不仅表现为出现社会的力量、社会的组织、社会的公共需求，另一个观察视角在于出现了新兴的社会空间。（1）单位体制的解体带来家庭和基层社会生活空间的扩展，居民更加通过基层社区组织起来，特别是随着商品房住区的形成，基层社会共同体的利益维护和社区意识得到增强，家庭和社区生活空间对于社会发展的重要意义进一步得到强化。（2）随着城市功能拓展和城市化的深化，城市空间不断再造，带来新城市空间的形成，城市中心区的社会空间在城市更新过程中被重新改造，郊区和新城也不断在被复杂多样性的人口涌入重新塑造，现在的城郊地区已经不是传统意义的农村，而是正在城市化的新的城市空间。从这个意义上看，城市化过程本身是一种空间革命，城市的空间形态和空间的内容在被改造和被塑造，这些不断更新和不断扩展的新城市空间的社会管理，面临复杂的城乡冲突、利益冲突和价值冲突。（3）网络虚拟社会空间构成快速成长的重要社会空间，信息化的发展改变社会交往的方式，例如微博、虚拟论坛、网络社区重构社会交往，人们社会交往和公共舆论的空间扩大了，新媒体技术也带来信息传播方式的革命，人们的社会交往的方式和内涵也在扩大，创造出新的网络虚拟的社会空间。（4）随着中国和世界交往的不断深化，全球经济联系和社会联系都在加深，中国的世界空间也被打开了，全球化的深化使全球社会交往日益强化，但是我国应对和参与全球社会合作，还是处于非常初步的水平。

随着现代社会中的社会空间扩展、社会空间的内容发生变化，传统的社会管理方式就显得不能适应。例如单纯依靠两级政府三级管理和下延到居委会的基层管理体制难以适应扩大化的基层社会生活；依靠街道和社区两元的、村委会和居委会两元的体制也难以有效适应城市郊区的城镇化进程和公共生活管理；依靠垄断性的信息管制，也难以适应信息开放、信息流动性的增加和传播交往革命的信息社会需求；同时在如何应对全球社会组织作用和开展全球社会合作方面，我们国家还在小心翼翼地探索，并没有形成成熟的管理体制。

正是因为对这些新社会空间的管理体制建设不足，所以出现大量游离于国家体制的非正规的社会空间，而且这些新兴社会空间也会按照社会自我运行的规则自我组织起来，自我形成和发展壮大。例如在城市郊区我们看到，由于城市的基本公共服务难以覆盖大量外来人口，因此移民社区通过自我管理形成地方性的市场和社会服务供给。同时，正在成长中的社会力量也更加强烈地面临和感受到传统社会管理框架的限制。如果这些新兴的社会空间和社会运行不能被有效地、制度化和规范化地纳入社会管理体制，自然就会带来公共安全、社会隔离、社会抗争等等一系列社会问题。

二、金融危机凸显加强社会建设的必要性

最近十年来世界发展和全球秩序遇到的最大变化就是2007年以来从美国开始的全球性金融危机。金融危机是一个调整的机会，也提供了一个反思的机会。从金融危机的视角来反思中国经济发展，有助于我们从新的层面上思考国家经济发展和社会发展的关系，为完善社会发展，为实施更协调的发展策略，并为中国特色社会主义道路建设提供理论

建议。

经济危机带来失业率的提高，我们在 2008 年看到东部沿海地区人口短暂地返回中西部地区和农村的情况。在另一方面，我们也应该认识到我国的经济发展，不仅受到全球市场的影响，同时，当前发展模式也受到社会投资和人力资本投资不足的影响。东部沿海地区受到经济危机的影响更大，是和这些地区过度依赖外贸的发展模式相关的，当国际市场进口需求减少，就明显地影响我国实体经济的增长。相对于我国的经济发展模式过分依赖外部出口，我国经济发展内需不足，也加剧了我国受经济危机的影响。而内需不足的实质是在分配模式中对劳动的分配相对不足，在资本和劳动的关系中过分重视资本的利益，而忽视了劳动者利益。我国工资增长低于 GDP 的增长就是一个证明，同时，不仅在第一次分配中劳动者回报没有得到充分重视，在第二次分配中对社会保障和人力资本投资不足，使劳动者社会福利没有得到足够提高，并影响了居民的消费能力。中国的经济发展缺乏内需，也在于我国没有形成庞大的中产阶级，我国的城镇化水平在 2012 年底已经达到 52.6%，但在城镇中仍然有 2.3 亿没有本地户籍的流动人口。大量农民工没有实现市民化，使流动人口的储蓄率水平很高，他们储蓄，为未来的养老保障进行准备，或者汇款给农村地区作为家庭生活开支，因此巨大的投资推动了城镇化，但城镇化并没有形成长远内需，难以支持长远经济发展。我们也看到，我国经济发展的一个重要动力是来源于“人口红利”，而我们也意识到人口红利的收益却没有充分投资于人的发展，人口红利被利用于城市化、基础设施建设和生产再投资，但没有很好地投资于人的教育、健康和发展，同时正是由于对人口的健康、教育和社会保障等社会投资和对人的投资不足，在很大程度上造成发展的可持续性不足，会转而限制生产率的提升。因此，社会建设不足可能是出现经济危机的某方面的内在原因。

传统经济理论往往强调竞争会提高生产率，而本次世界经济危机也推动我们反思市场竞争。竞争带来的贫富分化转而会限制贫困人口的消费能力，并减弱经济发展的动力。社会分化也会演变成为经济体系内在的失衡，埋伏下经济危机的种子。因此，推进社会平等，提高社会公平对于提高效率和促进经济增长也是必要的，建设一个公平的社会对于支撑经济持续增长是重要的。社会财富分配的调整，使社会低收入群体能够增加收入和消费，这对于发展内需是重要的。

最初在英国出现的资本主义经济危机，就开始推动了社会救济运动和社会改良运动的发展；历次危机所带来的结果是逐步强化社会保障体系的作用。例如日本从 20 世纪 90 年代危机后加强完善社会保障体制，使本次危机对普通居民的影响表现得并不严重。社会保障和社会福利体系，以及国家对经济调节的作用，随着一次一次的危机逐步得到发展。从某种意义上可以说，资本主义国家中每发生一次经济危机，社会主义的因素就有所成长。而且从本次金融危机的应对来看，也恰恰是重视社会福利和社会建设的北欧地区，更快地向创新经济转型，在德国，通过对劳动者提供积极的技能培训，使之能够在危机中很快恢复并形成经济优势，而恰恰是在社会保障相对较弱的南欧地区，反而出现债务危机和带来经济的进一步萧条。这些都能够对理解经济和社会的关系，也能够对我国当前经济危机下的社会建设有所启发。

近年来，为了促进就业和保增长，一些企业一定程度上出现弱化社会保障、弱化劳动合同的情况；由于农民工失业情况加剧和社会保障不能跨地区接转，在农民工返乡过程中也出现社会保障退保的现象；有些地方政府也一定程度上默许企业减少保障来降低生产成本和减少失业，包括各种劳务派遣和短期租赁形式发展很快，一定程度上影响了劳动力市场的规范运作。地方政府和企业一定程度上将社会保障当作发展的成本和包袱，并将弱化社会保障作为应对危机的手段和策略。而我们可以得到的研究发现在于，危机中的社会保障不仅不是包袱，反而是危机的保护机制。危机中的社会保障不仅不是增加的债务和成本，而是构成长远经济发展的动力机制。本次经济危机对我国进一步完善社会保障和加强社会建设提出了更高的要求，并转而构成推动我国社会建设的内在契机。

金融危机提供了鲜活的经验，使我们重新学习和认识马克思主义，证明了马克思对资本主义世界未来发展论断的科学性。但客观分析，马克思所观察到的经济危机和当前全球的经济危机存在很大的区别，马克思的一些看法和150年来资本主义世界出现的一些新发展必然有所不同，例如资本主义国家中社会机制的建设和发挥的作用、资本主义国家中政府对经济干预和调节的作用等等，都和马克思的时代发生了很大变化。与此同时，我们注意到西方经济学也在不断发展的过程中认识经济过程和应对经济危机。全球金融危机的出现是和主流经济学强调新自由主义，强调竞争、利己主义和人性的贪欲相联系的，而西方经济学也在不断创新和吸纳新的理论观点，如福利经济学、制度经济学等，通过不断地自我修正和完善来解释资本主义发展的危机，提倡改革资本主义生产方式、经济发展方式和生活方式来应对危机。现代马克思主义的发展需要保持开放性，不断吸收人类所有文明的知识思考，并和现实经济社会发展实践结合起来。只有发展的马克思主义才能够具有理论的生命力，具有对现实的解释力，具有对发展的实践性。

通过对改革开放以来的经济成就和经济危机的理论反思表明，社会主义的因素对于应对危机发挥了积极的作用，我们的社会体制、社会组织和制度模式对改革开放以来的高速发展、对应对危机发挥了特别的优势。金融危机为当下时代重新思考和研究社会主义提供了良好的反思，对于重新思考社会建设和经济发展的关系提供了良好的实证。在金融危机中体现出来的社会建设的必要性和社会主义体制的积极价值还需要进一步总结，并可以从中就如何避免资本主义经济危机，以及如何构造中国特色社会主义发展道路总结出具有中国意义的成功经验和发展启示。并能够帮助中国未来发展避免陷入资本主义驱动模式的内在危机，从强化社会建设中，支持不断发展的中国特色社会主义实践，并有利于扩展出一条经济社会协调发展的改革道路。

三、社会分化和形成多元化的利益表达机制

改革开放后中国走出国家计划体制，开始社会转型，从一个相当同质性的社会开始社会分化。不仅包括社会阶层分化，社会群体的利益也更加多样化了。社会转型和社会结构分化结合在一起，改革开放和人们的利益结构紧密关联，社会群体利益结构日益明晰化，民众对自身利益和权利的维护更加关注。在社会分化和社会群体利益结构变动的背景下，如何形成多元化的利益表达机制，如何维护和实现社会最大多数群体的利益，如何形成和促进社会的公共利益，需要积极实现公共政策决策，这是国家和社会有效协同治理所致力于追求的目标。

改革开放以后社会结构不断分化，一种分析视角提出社会分化为不同的阶层。其中，中等收入阶层需要得到大力发展，以促进社会结构从金字塔型过渡为纺锤型，增强社会的

稳定性。另一个分析视角是社会分化成为多样性的社会群体，而且这些群体有着不同的价值观、不同的目标追求、不同的社会行为的规范。例如农民工群体、大学生群体、私营企业主群体、公务员群体、失业下岗人口群体、失地农民群体，等等。这些社会群体成为一种利益共同体，有着本群体共同的行为方式和利益诉求。

各种社会群体中有些是强势群体，掌握更多的资源、权力，有些是社会的弱势群体。有些群体是占有和主导改革过程中利益的群体，有些群体则承担较大的改革成本。强势和弱势不仅仅是他们收入上有所差别，更在于不同群体在表达和追求自身利益的能力上存在差别。强势群体之所以强势在于其更多地掌握话语权，积极地参与决策，并能够在公共决策中表达和反映自身的利益，并通过制度机制维护和实现他们的利益。弱势群体则反之，他们有可能缺乏利益诉求的渠道，甚至有可能本身在社会决策和制度安排中遭到排斥。

举例来说，外来流动人口是典型的弱势群体。在东部地区这样的一个群体已经有巨大的规模，而且在城镇化过程中流动人口和农民工群体还在继续增长。但他们中大部分人在城市中仍然被区别化地对待，难以实现市民化。他们中的多数已经长期居住在城市，但他们对城市体系的利益需求仍很难得到满足，他们无法和本地居民获得同样的教育、卫生、医疗等公共福利，包括就业、居住、社会保障、职业安全、劳动保护、医疗服务、社区服务等各方面的需求在极大增长，但这些需求却很难诉诸决策。城市外来人口不仅难以获得本地居民的市民待遇，甚至其最基本的获得劳工工资的权益有时也难以得到保护。时常听到因拖欠农民工工资而引起农民工“跳楼秀”的讨薪，近来还听说外来民工以“裸奔”来讨薪。这说明这一群体不像本地劳动力有工会、劳动法等制度化维权的方式，其社会群体的基本利益常常难以得到有效保护。同时其利益甚至难以得到有效表达，因此他们只能通过极端的方式如跳楼、裸奔的花边新闻渠道，以期引起社会的关注。如果这些弱势群体的利益受损和利益需求难以被社会公众和政策决策者认识，他们的利益需求难以得到表达和诉求，将使群体间利益的失衡状况更加强化，并使社会矛盾日益积累，甚至会加剧社会的不稳定。这样的利益诉求的“声音”的缺失，以及利益维护机制的缺失，是与和谐社会的建设目标不一致的。

社会群体的利益诉求和权益维护，需要借助媒体的报道、专家的呼吁，更主要的是社会群体需要得到组织化的发育。政府直接了解分散个体的需求，直接面对个人进行管理是高成本的，而各个个体对庞大国家机器进行利益表达也是困难的。个体的需求和困境可以通过社会媒体、网络发帖、新闻和热点等方式为大众所认识，但社会群体的利益诉求和权益维护，则需要社会组织的建立和日益成熟化，通过社会组织的社会行动来表达利益、争取权益，乃至参与相关公共决策。社会组织的发育是实现政府与社会的良好沟通的基本需要，是社会分化以后重新建立起组织化的社会，社会和国家形成良好协同治理的需要。这样的社会组织建设，同时也能够促进群众的公共参与和利益表达，增强社会成员的社会行动能力。弱势群体利益表达能力的薄弱，根源在于其群体组织化的不足。单位制解体以后，社会成员日益分散化，社会生活的发育更加丰富，社会群体日益多样化，而社会组织的发展则相对滞后。只有充分推动社会组织发展，才能更好地满足社会群体需求，带动社会群体的参与，并实现社会利益和国家发展的有效整合。因此，社会组织的发展是社会体系的良性发育的重要标志。

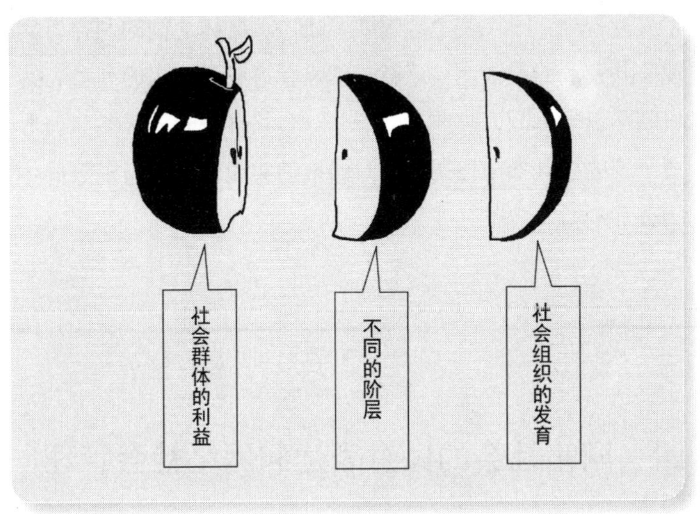

在社会结构日益分化、群体利益多样化背景下，党和国家迫切需要加强社会建设，需要加强驾驭社会的能力，需要增强整合社会利益的能力，需要推动整合社会利益的行动，并因此来构建社会主义和谐社会。其前提在于，政府在公共决策过程中能够认识到不同社会群体的需求和利益，为社会群体努力提供更好的服务，并能够保障不同社会群体的合法权益，并妥善协调和平衡各个群体间的利益。同时在不同群体的集体选择过程中，寻找到社会福利最大化的最优选择。在这个过程中，某些群体利益表达的缺位，则很有可能导致不公平的社会政策。特别是社会政策的制定往往对不同群体产生不同的影响，有些群体在某些政策中获得利益，有些群体的利益则可能相应受损。因此，一个健康的社会的良好发展，需要倾听不同社会群体的声音，需要社会不同群体的共同参与，需要社会利益进入公共政策，并使公共政策能够反映最大多数群众的根本利益。在群体利益多样化的社会发展过程中，不可避免地需要不断协调群体之间的利益，实现公共福利的最大化。这就迫切需要形成多元化的利益表达机制和诉求体制，需要社会群体对公共事务的积极参与，形成平等的公共参与格局，并共同推动实现社会最大多数群体的公共利益。

四、网络社会的民意表达和网络社会管理

互联网的出现对于人类历史是一个革命性的飞跃。从互联网诞生的第一天起，人类历史就进入了一个崭新的世界。区别于自然物质世界和人的精神生活世界，以信息化技术和电子网络为载体，出现了一个虚拟性的人类工作、生活和社会交往的社会存在。且不说网络技术和信息化手段将深刻改造经济生产和社会生活，网络同时产生了虚拟的社会空间，重构了人们的社会交往和社会沟通的方式，渗透进入社会运行并重新组织社会运行，从而整个人类社会的面貌都焕然一新了。

网络是虚拟世界的一部分，但已经和人类社会密不可分，是当代社会的重要组成部分。网络客观上构成民意表达的一种不可忽视的渠道，这一点我们可以从各种网络论坛、网络民意投票和网上评议中表现出来。特别是中国现在已经有了5亿网民，这样庞大的公共舆论和更加及时性的社会互动方式，对于社会生活的内容和运行的影响是不言而喻的。网络行为主体不仅利用网络传递信息，也同时利用网络表达其态度、价值观、意识行为和行为偏好，网络也成为组织社会行动的工具和方式。网络社会和实体社会同时发展，在虚拟社会和真实社会两个维度同时发展，并且相互联系和相互影响，共同地影响现实社会。网络社会空间和其组织形态是信息化以后社会生活领域出现的极大变化，并有着重新构造和整体提升人类社会的交往形态和社会格局的力量。如何应对日益成长的网络社会，充分利用其提供的机遇和对人类福利的贡献，并避免对社会生活的负面冲击，是信息化以后的社会建设所面临的巨大挑战。

网络的行为主体可能是匿名的，非人格化的和非面对面的，具有很强的虚拟性，甚至虚假性。网络的虚拟性有时又放大了信息的虚假性，一些未经证实的流言或者谣言，在不负责任地流传中可能影响公众，扭曲社会心态。同时网络的民意表达具有很强的现实性，网络是人类行为的表现，网络行为主体的背后则是广泛真实的社会群体和具体的社会阶层，网络民意的表达也客观表现了这些社会群体的社会态度和舆论表达。网络的虚拟性和现实性，使网络社会下的民意表达和社会沟通具有以下特点。

第一，网络重构了社会体系，重新构造了社会群体意愿和诉求的沟通模式。

传统体制下的信息沟通和利益表达是垂直性的，通过金字塔型的工作体系实现由上到下和由下到上的转换。这也不可避免带来信息传递的高成本，随着信息传递的关节越来越多，高层信息落实到基层，也有可能会发生执行面上的扭曲。反之，从基层开始的利益表达也带来高成本，由下到上的利益表达往往受到层层的阻隔和扭曲。因此当基层的社会利益表达和社会需求无法得到满足时，还会出现越过层级、脱离结构体系的利益表达方式，如上访和群体性事件。依靠网络来表达民意，往往能够突破传统社会结构，并突破空间场地等有形世界对利益需求表达的限制和约束。例如通过网络的公共空间，人们能够积极参与公共活动，对公共事务表达看法，并直接参与集体行动。同时，依托网络进行公共组织和利益表达，提供了更加直接的社会组织方法。

网络基本上实现了超越空间性和跨越层次性，有助于社会结构从纵向金字塔形态向横向的扁平化改变，由上到下的信息渠道可能更直接，既削弱了传统等级体制的功能，同时也促进了基层社会利益的直接表达，基层公共利益的表达具有更多的渠道和方式，这也要求社会结构的组织方式发生从等级化向平面网络化的转变。社会结构体系也越来越需要利用信息化手段掌握和引导社会意识，以期更好更全面地掌握社会需求，维护社会公共利益。

第二，网络民主是一种比较广泛的民意表达，是基层民主的实践形式。但这种网络民主实践具有很强的局限性，需要谨慎地引导和管理。

利用网络进行利益的表达相对还是比较充分和深入的，

能够一定程度上体现社会民主的特点。网络首先提供了让人民充分表达利益和看法的平台，人民有权了解事情的真相，可以充分进行沟通。网络也通过比较宽范围的信息沟通，能够很好地吸引更多人的参与，从各人不同的知识、需求出发进行深入讨论，往往能够得到更为全面的判断。网络的利益表达比较直接，因为网络的虚拟性和无记名性，这种网络民主可能能够更准确地表达出群众的需求和意见。实践表明，一般来说无记名可能比记名的选举有更强的民主性。同时网络民主也能够形成一种社会舆论，发挥良好的社会监督的作用。

而这种虚拟性、虚假性和无记名性，也会有一定的负面作用，即有可能带来个人网络行为的去行为主体化和去自我约束化，弱化个人的道德责任。例如网络的信息可能失真，也可能有人利用网络来操纵民意。由于网络是虚拟身份，个人可能并不必要特别核对信息的真实性和可靠性，个人在表达自身观点时也有可能忽略自身所应具有的社会责任和公共意识。这种匿名性、个人道德风险的暂时脱离，使个人在网络中的态度表达和观念陈述也往往会扩大情绪性和形成非理性，带来行为主体的非理性倾向。人们有可能很情绪化地表达一些自己的不成熟的看法，例如近年来广泛流传的“网络愤青”甚至“网络暴民”，就是一个例子。更常见的现象是，一些情绪化的宣传反而能够带来鼓动和夸大，随着网络非理性的发展，也有可能带来社会非理性的蔓延。因此对于网络的民意表达要小心地应对，因为当社会民主转而成为集体的非理性，可能不仅不利于民主的实现，反而成为社会不稳定的催化剂。

而由于网络的虚拟性，一些不负责任和表达不确切的虚假信息也往往通过网络媒体得到放大，造成网络社会的流言和谣言的扩展。同时在网络和市场资本力量结合在一起时，一些“博眼球”和“博点击”的社会热点又会引导社会舆论，引导社会群体的态度和认知的走向。网络由于信息不完全和信息曲解，以及通过网络内部层层的信息扭曲和扩散，带来网络社会的信息碎片化，也可能带来一些正确的思想被扭曲、曲解和碎片化，反而难以得到广大社会认同。

网络民主和网络民意的表达的另外的局限性在于，网络民主本身不是制度化的民主参与方式。网络作为民意表达的平台，虽然是一种范围很广的“泛民主”，但其实是一种非正规的民主。正规的民主和权益表达包括人大、政协、听证会、提案和议案等等制度化方式，网络民主如果不能实现制度化的规范管理，就有可能形式上轰轰烈烈，但可能会带来相当大的盲目性和社会风险。而网络民主和民意表达推动社会发展的关键，在于群众能充分应用其理性来表达社会态度，群众的网络参与只有转变成为公共决策的制度民主，社会体制的理性才能得到实现。

因此，在现代社会的背景下，网络民主是社会群体民意表达和利益沟通的重要场域。随着网络信息化更深地卷入社会生活和公共政治运行，可以预见这个场域的作用将不断扩大。依托网络的民意表达具有一定的社会民主性，具有一定的直接民主和广泛性的特点。但是网络由于它的虚拟性，同时网络信息的被操纵和被扭曲、网络信息的偏颇性和碎片化、网络行为的去道德化和非理性，等等，表明网络有巨大的局限性。

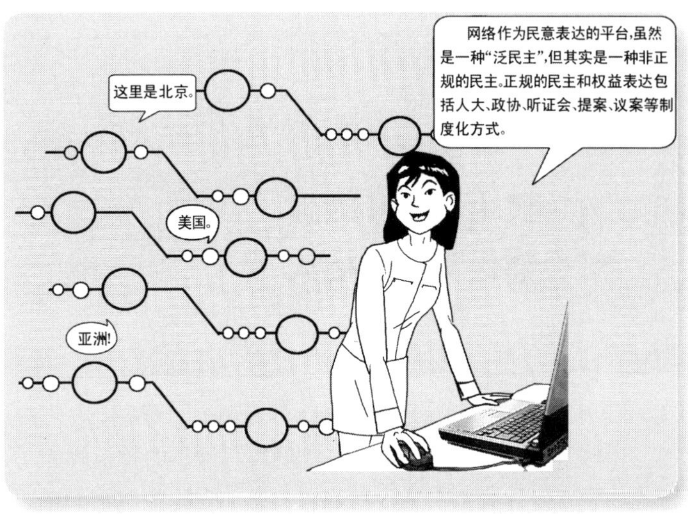

网络社会无疑构成当代社会发展的巨大机遇和巨大挑战，与网络社会相适应的社会管理模式还正在探索之中，对此无法掩耳盗铃或因噎废食。更好地发挥网络表达社会民意的作用，需完善网络社会管理，更好地建设起开放、透明和健康的民意表达沟通渠道和社会运行体系。这也要求社会管理需要及时重视和加强网络社会管理，强化社会公民的网络责任意识，以及不断完善网络社会的法律法规建设，将网络社会发展塑造成为更充分表达民意、听取民意、沟通民意和汇聚民意，以及积极推动社会发展的公共生活空间。

五、改善民生福利和加强社会建设面临的挑战

谋民生之利，解民生之忧，是我们党为人民服务根本宗旨的体现，是社会主义的内在要求，是加强社会建设的重要内容。

中国特色社会主义的建设过程就是以人民利益为上、以人民生活幸福为根本的不断改善民生的过程。改革开放以来，随着经济生产力水平得到极大发展，我国人民的生活水平得到极大提高。当前我国处于经济社会发展的继续爬坡期和改革开放的深化时期，是在更高的经济发展水平下推动民生福利发展，是在人民群众更高的物质文化需求下提高民生福利，也是在不断建设中等发达国家和基本现代化迈进的历史方位中不断改善民生福利和加强社会建设。这要求国家发展应该不断推动城乡居民的居住改善、就业质量改善、医疗卫生改善、养老和社会保障改善、居住改善、环境改善等等，通过不断改善民生福利和增进人民幸福，确保我国在2020年实现全面建设小康社会的发展目标。

在改革开放深化期积极改善民生福利和加强社会建设，改革发展的任务更加艰巨，人民群众对民生福利的需求和诉

求同时增加，改革发展过程中的利益矛盾和社会冲突更加突显，改善民生福利和加强社会建设面临以下一些突出挑战。

（1）不同地区、不同人口群体民生福利供给的差异性和不平等性的挑战。不同地区由于公共财政能力不同、公共资源集聚程度不同，带来民生福利和公共服务存在显著的地区差异，甚至在一个城市中的不同区县间的公共服务供给状况也有很大不同。同时，民生福利在不同群体间存在显著差异性，包括城市居民和农村居民之间、本地居民和外来人口之间的社会福利状况差别显著。这要求应特别重视增加对贫困地区、低收入人口、老年人口、社会弱势群体的社会福利的供给，促进改革成果更加公平地惠及全体人民。这种差异性和不平等性，又相当大程度受到制度结构的影响，受到改革发展过程中利益分配结构的影响，因此推动制度改革和追求制度的平等性建设又构成推动社会建设的关键。

（2）不同社会群体对于民生福利的需求和权利诉求日

益增强的挑战。进一步看到民生福利状况的不平等，本质是公共服务的可获得性的不平等、资源配置的不平等和制度安排的不平等。随着社会发展，社会群体的权利意识和平等化也得到提高，因此确保不同社会群体依法实现自身的各种社会权利，并努力推动以法制为准则，以公共政策为导向的制度建设和国家发展，能够更好地保障社会公众的合法权益，推动民生福利的改善。

（3）快速的结构性社会变迁对完善民生福利供给相关制度建设的挑战。当前我国面临快速的人口城市化和大规模的人口流动，人口结构和家庭结构发生变化、政府社会关系的重新塑造，都深刻改变了民生福利的供给机制。快速的人口流动性，使原来基于固定户籍地的社会管理和福利供给体制不相适应，越来越需要改革户籍制度，增强属地化的公共服务供给体制。随着社会力量的兴起，也更加需要通过组织化的社会力量来提供社会服务，满足不同社会群体的社会需求，并通过社会建设构成民生福利进步的支持力量。我国民生福利的供给体制从计划经济下的单位福利体制，过渡到20世纪90年代中期的市场化福利体制，随着改革发展的不断深化，也应该通过制度建设和公共政策改革，发展为多元化的政府力量、市场力量和社会力量有机支持的福利供给体制。

因此，在改革开放深化期，加强民生福利不仅是改革开放的成果实现更公平的社会共享的要求，也是适应社会变迁、推动社会整合、实现社会平等、构建社会秩序的需要。只有重视谋民生之利、解民生之忧，重视社会发展和经济发展的协调性，强调不同社会群体对民生福利的平等性，加强民生福利的制度建设，才能够更好地满足社会中最大多数群众的需求和利益。而在发展民生福利和推进社会建设过程中所面临的上述尖锐挑战，也正说明了当前时期继续推进社会建设的困难和探索突破的方向。

六、加强人口老龄化过程中的社会建设

在长期低生育率和人口预期寿命提高的共同影响下，我国人口老龄化的程度提高很快，六普数据表明我国 60 岁以上老年人口达到 13.26%，并且未来我国人口老龄化程度将

快速提高。人口老龄化是我国人口中长期变动的突出挑战。在城市化进程不断加快、经济发展方式调整、家庭结构变化和生活模式变化的背景下，人口老龄化对国家发展带来显著压力。我们亟待在人口老龄化背景下，重视保障老年人口利益，并积极推动相关社会建设，促进经济社会的持续发展。

第一，重视经济增长背景下老年人口的民生福利和公共服务。

社会建设的一个重要目标，是在经济增长和民生福利之间保持一定的平衡。人口老龄化的现实状况，决定了我们需要加强对老年人口的公共服务，经济增长所带来的财富的增加也需要返还于和投资于老年群体，需要在公共财政、卫生健康、住房和生活、社会服务等公共品的供给上重视向老年人口倾斜。

改革开放以来的快速经济增长，一定程度上可以用人口转变所带来的“高劳动力、低抚养率”的人口红利来加以解释，那么中长期人口变动，可以使人口红利通过更快的人口负债来加以偿还。如果不出现巨大的劳动生产率的提高和经济运行模式的改进，经济增长所带来的资本积累速度将会减弱，而老年人口的不断增加，则不断强化对公共服务供给的需求。在人口老龄化的进程中，我们已经需要开始考虑“后人口红利”期的经济增长和社会问题。一方面我们需要妥善利用人口红利，重视把人口红利收益转变为对未来人口发展的投资和人口公共服务的供给，而不是浪费性使用和消耗性使用掉这些红利收益。另一方面，可以通过经济制度的改革来延长和放大“人口红利”，例如我们可以通过延长退休年龄来降低老年抚养比例，也可以通过提高劳动生产率来使人口年龄结构所产生的红利更大地释放出来。和谐老龄社会要努力实现更持续的经济增长和老年福利不断改善的共赢，实现更有利于老年人的经济发展，及通过公共服务使经济发展的成果让更广泛的老年人口获益。

第二，重视城市化背景下的老年人口城乡和谐问题。

中国的城市化水平将很快地由当前的52.6%上升到2030年的70%左右，通过大规模的人口乡城迁移，中国已经从一个以农村为主的社会过渡到一个以城市为主的社会。这种人口城市化的过程是通过大量农村人口进入城市来实现的。因此城市化将对人口老龄化带来双重性的影响，一是城市化直接作用于老年人口群体，农村的老人失去土地进入城市，需要对生存的依托、生活方式、社会网络和交往方式重新塑造。第二，城市化也间接作用于老年人口群体，因为农村人口进城更主要是以青年人口为主体的城市化，大量农村人口进入城市，使农村老人成为子女不在身边的空巢老人。农村社会保障并不健全，家庭和子女在农村养老中承担着相当大的作用，子女进城的城市化对农村老人的间接性影响，不仅会加速提高农村的老龄化比重，也会使农村养老问题更加突出。

我们往往对农村抱着一个田园般的理想，认为农村是人情脉脉、守望相助的适合老年社会的家乡，而认为城市是钢筋水泥的森林，是人们相互冷漠的“隔离的世界”，而实际上城市化本身带动着经济社会的发展，是有利于老龄社会整体福利的。城市中的老年人口在城市化、工业化的过程中生活质量和社会福利也会得到不断提高。但在这种过程中，城乡的老龄人口生活的差距可能会进一步扩大，农村老年人口的绝对贫困和相对贫困都会更加突出。城市化是否会不断抛弃农村中的老人，是城乡统筹发展和建设、和谐城乡关系的突出命题。

第三，重视家庭结构变化背景下的人口代际和谐问题。

无论是城市还是农村，家庭的功能、家庭生活的形态和家庭内部的关系模式都发生着巨大的变化。家庭规模在日益小型化，独生子女日益普遍，年轻子女外出就业的情形不断增加，激烈的市场竞争和生活压力的日渐加大迫使子女和他们的配偶都必须就业，这便会带来家庭照料能力的下降，家庭养老的能力相对弱化。

独生子女在家庭中具有越来越突出的地位，家庭生活的重心日益下移。对子女教育的投资主体日益以家庭为主，父母基于对未来发展的期望使家庭的财富逐步向子女倾斜，甚至由于青年父母的工作压力和家庭照料能力薄弱，也需要老年人口以老养小。在这样的家庭运行模式下，家庭财富投入的方向越来越向下。相对而言，老年人口群体在家庭中的地位和被照料的程度都存在相对弱化的可能。

代际和谐的另一方面则在于，随着年龄的不同、文化观点的不同，不同代际人口对代际关系的认识，对家庭和社会生活方式的认知，对养老的安排都是不同的，这就是所谓的“代沟”，代沟所造成的相互隔离会破坏代际和谐，加剧家庭内部的割裂，甚至使老年人口群体被排斥到家庭结构之外。

第四，重视经济增长背景下的老年人口贫富和谐问题。

整个社会收入差距的扩大也会在老年人口和年轻人口之间、在老年人口之间表现出来。老年人口群体是社会的弱势群体，老年人口的贫困发生率更高。他们缺乏劳动能力，社会保障水平较低。应对生活风险的能力不足，生活脆弱性较高，疾病、自然灾害、家庭变故、生活意外等风险，往往使老年人口陷于更贫困的处境。同时老年人口的疾病率、伤残率也相对较高，进一步加剧老年人口群体的贫困化。因此需要对老年人口提供更为全面的社会保障和社会救助，实现国民收入在年轻劳动者和老年群体之间的统筹分配。

另一方面，老年人口群体内部的贫富分化也在拉大。高档次的养老机构供不应求，越来越多富裕的老年人口希望获得和愿意支付市场化的、高标准的养老服务，但也有越来越多的老年人口群体陷入贫困之中。老年群体中的部分群体，如生病的老人、农村的老人、残疾的老人，可能更容易陷入贫困和弱势。和谐社会是人人共享的社会，需要关爱处于社会弱势的老年群体，对这些特殊困难的群体提供更有针对性的公共服务和社会保护，这不仅仅是为弱势老年群体提供基本的生存和生活，也是建设和谐社会所必须建立的社会支持体系的重要环节。

第五，重视生活方式变化下的老年人口心理和谐问题。

与身体的健康、生活的保障同样重要，老年人口心理的健康是和谐老龄社会的重要方面。心理和谐指老年群体是积极乐观还是消极悲观，是孤独隔离还是充满活力，是自我发展还是自我淘汰，是幸福满足还是苦闷痛苦。因此“老有所乐”某种意义上是和谐老年社会的最高阶段，老年人口对生活的满意度如何，是衡量老年生活质量和心理健康的最核心的标尺。老年人口的心理健康受到各种因素的影响，老年人口的社会经济状况、健康状况、家庭状况、得到的服务和受重视的状况，都会在心理上得到反映。

特别需要强调的是，老年社会心理的变化是与老年人口生活方式变化及整个社会对老年群体的态度和容纳程度相联系的。老龄化对于老年群体意味着生活方式的变化，是从以单位为核心的生活方式转变为以个体、家庭和社区为依托的生活模式。老龄化很大程度上意味着老年群体从社会经济公共事务中的逐步退出，老年人被隔离在生活社区和社会体系之外，可能会进一步强化老年人的孤独感和颓废情绪。老年人对社会生活的参与就成为影响其心理健康的关键因素。建设和谐老年社会的意义在于，不仅我们的经济制度要适应老龄化，我们的社会生活形态也要重新组织适应老龄社会，不能把老年群体作为退离出社会生活之外的一个群体，而应该把老年人口作为整个社会体系的参与者和活动主体来看待。和谐老年社会不仅仅是将老年人作为被照顾的群体加以保障、救助和关爱的社会，更是需要重新塑造老年社会生活的形态，需要建设老年人的社会生活网络和自我发展的舞台，塑造老年人生活在其中的共有、共享和共建的社会。

可见，作为人口老龄化的结果，各种资源、利益、服务、公共产品在不同人口群体间、在城乡老年人口群体间、在不同代际之间、在投资积累和增进民生福利间、在家庭财富的上端和下端如何分配间，产生了各种矛盾和冲突。这便为推动老龄社会下的社会建设，以及建设和谐老龄社会提出了新的命题和新的挑战。

加强人口老龄化过程中的社会建设，就是要在发展的过程中保障老年人口群体的利益和满足老年人口群体的需求，充分表达和协调不同老年人口群体的利益和需求，实现老有所养、老有所医、老有所乐、老有所为。不仅在经济制度和社会制度上要适应老龄化社会，在社会生活的运作模式和运行模式上也要适应老龄化以后的生活形态，实现老年人口自由、充分地发展。人口年龄结构将不可避免地逐步老龄化，经济社会运行也要随之相应地进行调整，才能实现更加和谐的老龄社会，实现更可持续的社会发展和经济发展。

七、快速老龄化比老龄化程度本身更加严峻

我国当前的经济总量已经达到世界第二，人均 GDP 达到 5450 美元，按照购买力评价法来衡量则接近 9000 美元。在这样的经济发展水平下说中国“未富先老”不一定很科学。而且如果将“未富先老”作为我国老龄化问题的核心，对于老龄化问题的解决方案也就是进一步加快经济发展，使国民的富裕水平进一步提高。这样以追求富裕为导向的发展策略，并非是我国解决老龄问题的根本对策。

我国老龄化问题的核心问题不是老龄化程度过高，而是老龄化速度过快。中国老龄化的速度快于发达国家的老龄化过程，以及快于世界老龄化的平均水平。例如英国老龄化从 20 世纪 30 年代开始的 7%，经历了约 50 年达到 14%；美国

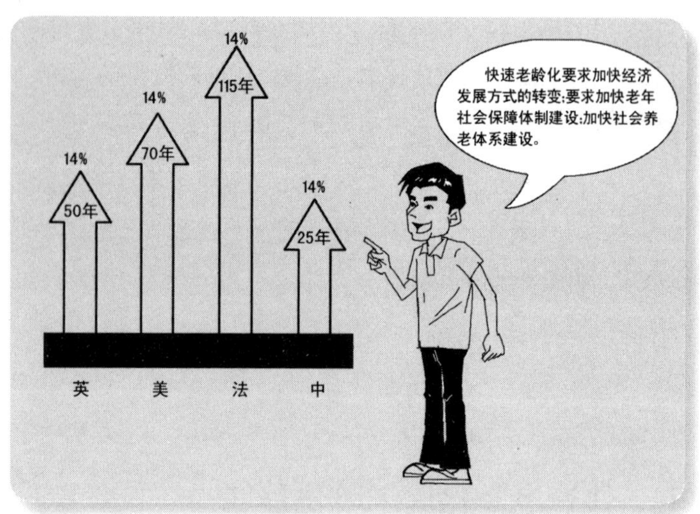

的老龄化从20世纪40年代的7%，经过70年，到目前才刚刚接近14%；法国则是从1865至1980年用了116年时间，老龄化程度从7%提高到14%。但是中国的老龄化速度从20世纪80年代后期以后开始快速提高，2000年的7%，预计到2025年达到14%，然后到2040年达到24%。也就是这些发达国家老龄化水平从7%增加到14%的过程中，平均每年增加0.1个百分点，而我国的人口老龄化从7%增加到14%，预计将每年增加0.3～0.4个百分点。当前我国人口老龄化水平平均每年增加0.3个百分点，而世界的平均水平不到0.2个百分点，中国老龄化速度在2040年以前和世界老龄化的平均速度相比的差距将越来越大。相对快速的老龄化，我国的经济社会体制建设并没有充分地和快速老龄化相适应。过快的人口老龄化速度和相对缓慢的适应老龄社会的经济社会体制建设的矛盾，构成我国当前老龄化问题的基本矛盾。

我国人口变动的更快的老龄化速度，一方面受到我国从20世纪50年代和20世纪60年代两次人口出生高峰的人口逐步进入老年的影响。除了1960—1962年人口出生有明显的下降，在整个20世纪50—60年代人口出生处于较高的水平，高峰时期的年出生人口达到2500万~2800万，这些人口逐步进入老年，带来老龄化程度迅速提高；第二个原因是受到人口生育水平快速下降的影响。我国的总和生育率从1970年的5.81到1990年下降到1.8，目前已经下降到1.5左右。出生率水平也在下降，当前每年出生人口基本上降低到1500万~1700万人口的水平，这使整个人口结构中少年儿童比重保持下降，将进一步带来老年人口比重的快速上升；第三个原因是新中国成立以来，我国人口预期寿命由于健康和卫生事业进步提高很快，老年人口预期寿命提高很快。这三个因素共同造成我国更快的人口老龄化。

如果老龄化程度较慢，国家发展可以用更多的时间进行经济结构的转轨和社会体制的建设。相对来说，人口变动更快，要求社会经济体系需要相应调整得更快。但从目前来看，中国老龄化速度较快，经济转型和社会福利体系建设显得相对跟不上人口老龄化的速度，这构成了中国应对老龄化的突出挑战。应对快速人口老龄化的社会经济体制建设，主要包括三个方面：

第一，快速老龄化要求加快经济发展方式的转变。

从劳动力人口和老年人口的比值来看，我国在1990年时是7∶1，目前基本上是6∶1，而到2020年将下降到4∶1，2030年下降到2.5∶1，这意味着随着老龄化的发展，要求单位劳动力需要创造更多的财富供养更多的老年人口。因此应对老龄化挑战的根本办法，一是通过促进就业、减少失业率，和提高劳动参与水平，减少隐性的不就业人口，从而使劳动力人口和经济活动人口能够和生产资料相结合，成为经济贡献人口；第二是提高劳动生产率，使单位劳动力能够创造出更多的财富。

迄今为止的国家经济发展，很好地实现了以上两点目标。改革开放以来我们通过迅速的工业化创造就业，将农村中农业剩余劳动力挤压到城市部门，将大量劳动力和就业机会相结合，极大地创造出了经济财富；第二通过将农村人口转移到城市工业部门，通过经济结构转变极大地提高了劳动生产率。

但从未来的经济增长和老龄化关系来看，经济增长放缓带来劳动力就业问题日趋严峻，将不利于中国老龄化问题的解决。同时劳动适龄人口比重已经下降、劳动适龄人口总量在2025年以后将下降，将使依靠简单劳动投入和劳动参与率提高的经济增长方式难以持续。继续增加就业和劳动力供给的潜力要求推动农业部门现代化发展，继续从传统农业中转移劳动力进入工业部门就业。在另一方面，如果农业部门向工业部门继续转移的潜力正在下降，劳动生产率的提高和维持经济增长则越来越需要转向内生性经济增长，需要人力资本的提高，需要在经济生产中转向高附加值产业部门和高附加值生产环节。因此，应对中国所面临的快速老龄化，内在地要求经济发展方式加快转型。

我国人口结构的快速转变以及中国人口结构上很快地转向发达国家这样的高度老龄化的社会，也内在要求我国在经济结构上要很快地转向以现代经济产业格局为依托的经济结构。从现代发达国家经济结构和产业格局的发展历程看，我国仍然需要加快工业化的过程，加快技术创新和新兴产业发展升级的过程。考虑到中国老龄化将很快地向高度老龄化的社会转变，我国的经济发展方式转型也需要在较短时间内完成向现代发达国家的经济结构、产业结构转变。

第二，快速的老龄化要求加快老年社会保障体制建设。

快速的人口老龄化也要求我们能够更快地将经济发展所带来的财富转化为应对老龄化的社会积累，也就是说需要加快老年社会保障体系建设。

这里同时存在的一个问题是经济和社会发展的协调问题，在经济迅速增长的过程中，也需要通过再分配机制，促进社会体系建设和社会福利建设，只有这样，才能更好地满足人民群众的需求，提高人民群众的生活水平。相对于经济的快速发展社会建设滞后，例如社会保障建设不足，不仅不利于适应老龄化水平的快速提高，社会和经济发展的不平衡，也会对经济发展带来约束。应该客观地认识到，相对于快速的经济发展，我国的当前社会保障建设速度不足，以至于不能适应快速的老龄化过程。

主要发达国家在我国当前的经济发展水平的时候，都已经基本建立了完整的社会保障体制，也就是说在我国当前的老龄化水平下，世界主要发达国家的社会保障体制建设基本得到建立。相对来说，我国的社会保障整体建设水平滞后于老龄化的快速推进。

在过去的30年中，在强调我们获得“人口红利”的时候，可能忽视了对人口红利的使用。也就是说，由于人口结构变动所带来的人口红利，需要能够返还到人口结构本身，并为未来的人口结构所带来的人口负债做好准备。考虑到中国面临的快速的人口老龄化，当前迫切需要加快老年社会保障体制建设。

第三，快速的人口老龄化要求加快社会养老体系的建设。

我国的快速人口老龄化受到快速的生育率下降的影响，并带来家庭结构的快速变化。生育率下降带来家庭规模的下降，以及独生子女家庭数量的增加。我国的平均家庭规模从20世纪70年代的4.4人已经下降到目前的3.1人。目前城镇0—30岁的人口中70%~80%的人口都是独生子女，在全国0—30岁的人口中约65%~70%的人口属于独生子女。独生子女家庭的父母已经开始逐步进入老年。独生子女家庭具有严峻的养老压力。一对独生子女需要在家庭中抚养4位父母、8位祖父母。同时随着城市化过程中的人口流动和迁移，老年空巢家庭数量进一步增加。特别是独生子女和高龄老人问题结合在一起时，家庭的养老能力将受到更大的挑战。

快速的人口老龄化意味着家庭功能的快速衰退，迫切要求加快社会养老体系建设来应对。我们看到社区居家养老体系、机构养老体系、养老社会工作体系还存在显著的不足，都需要在快速老龄化过程中加以重视和推进。

因此，老龄化对中国发展的挑战，还不是老龄化程度太高的问题，而是我国的老龄化速度太快的问题。由于老龄化速度太快，经济发展方式的转变不能以足够的调整速度跟上老龄化速度，同时社会福利体系建设又不能在经济积累的支持上及时建构起来，过快的老龄化速度使社会保障基金的积累和增值存在显著压力，同时过快的老龄化速度也使薄弱的社会支持体系面临突出压力。因此如果老龄化快于经济转型，快于社会福利转型，快于社会支持体系建设，老龄化社会对于社会福利和经济持续发展，就会形成负面的影响。

因此，人口转变必须和经济社会体制建设同时进行，实现二者的协调。人口老龄化快速发展，要求加快实现经济发展方式转型、社会福利体系建设和社会养老体系建设。人口长期增长和人口结构转变具有内在规律性，从现在到 2030 年，我们必然会经历非常快速的人口老龄化过程，这只能反过来要求经济结构转变和社会福利体系的建设要加快，以适应人口转变。在从当前开始到达到高度老龄化的 2030 年之间，是中国人口发展和社会经济发展的关键时期，加快推动经济发展方式转变和促进社会福利体系建设的任务都非常紧迫。

八、城市化和统筹城乡发展面临三个基本问题

当前我国的城市化水平已经超过 50%，说明居住在城市的人口已经超过农村的人口。随着我国城市化进入中后期阶段，城乡关系和城乡间结构调整也进入了一个新的阶段。

破解城乡二元结构、实现城乡统筹发展成为这个时期的核心任务。在这个新的阶段中，我国的城市化和城乡发展面临几个基本问题：

第一个问题是应对城乡差距的扩大和实现城乡平衡发展。改革开放以来，城市化水平从不到 20% 增加到 50%，城乡差距从 20 世纪 80 年代后期以来逐步扩大，已经成为影响我国收入不平等的主要原因。城乡差距的扩大有统计上的原因，因为大量流动人口对城市发展做出贡献，但是在计算城市人均 GDP 的时候往往将这部分人口排除在外，这样在一定程度上高估了城市的人均收入水平。城乡差距的扩大也可以从经济内生性的原因得到解释，因为城市工业部门较高的劳动生产率和传统农业部门较低的劳动生产率形成结构性的差异，带来城乡收入差距扩大，这也构成了农村人口向城市迁移的动力。城乡差距扩大更主要的原因在于制度性的因素，也就是在城市化过程中，农村人口、城市中的非户籍人口在利益分配上没有得到适当回报。典型的例子是城市化过程中城市郊区的土地流转，土地流转过程中形成的巨大剪刀差利益，在相当大程度上支持了城市化和城市发展，但是农村居民在这样的土地流转过程中并没有得到足够的回报。

城乡间差别越来越大，对城市化发展所带来的压力和挑战越来越显著。因此，如何缩小城乡间的收入差距，包括缩小城乡间的公共服务和社会福利的差距，是城市化中后期的重要任务。城市化发展越来越需要通过有效方式，实现城乡平衡发展。推动城乡平衡发展需要优先对农村和农业部门进行投资，需要促进财政的转移支付，也需要促进城市部门的经济资本和社会资本更多地投入到农村地区，同时需要确保在城市化发展过程中农村人口、流动人口能更加平等地享受发展的收益。

城乡平衡发展不仅仅是要实现城乡经济发展的平衡，同时要重视城乡间社会利益的合理分配。同时，城市化和城乡统筹发展也需要实现城乡发展能力的平衡，特别是在农村地区有效积累人力资本和经济资本，包括促进农村地区社会组织和市场中介组织更好地发挥作用，促进从传统农村向现代农村发展的能力，这比单纯强调城市部门对农村的财政转移支付更加重要。

第二个问题是加强城乡发展的流动性和实现城乡结构重新构造。城市化并不是单纯的农村人口进入城市的单向的过程，我们看到人口不断进入城市，又从城市不断返回农村地区。城乡间不仅存在人口迁移流动的相互影响，城市化和城乡发展过程也包括人力资本、物质资本在城乡之间的相互影响，包括土地开发利用的变化，也包括城市生活方式逐步向农村传播和扩散。

城市化的宏观过程下包含着城乡之间的相互影响，城乡经济结构和社会结构不断调整和重新构造。落后的传统农业部门和现代城市工业部门的二元结构体系逐步被打破，经济结构从农业经济为主体的经济向现代工业经济不断升级转型；社会结构上的农业社会也逐步向中产阶级比重不断提升的现代社会结构演变。这种城市化内在蕴含着的结构性转型要求实现生产要素的流动性和促进人的流动性，当劳动力和土地等资源要素的自由流动受到阻碍，则有可能阻碍城市化的进程；而当人口的社会流动性受到阻碍，则会带来社会结构的固化，例如当大量进城移民进入城市却难以融入城市体系，难以实现向上的社会流动，传统的城乡二元结构就会转移到城市内部形成城市内部的新二元结构。社会结构的流动性受到阻碍，也限制了现代社会的中产阶级的形成。因此，如何实现城乡发展的流动性，促进城乡间经济社会结构的持续提升是推动城市化的重要动力。

第三个问题是破除城市化过程中的制度壁垒和实现制度突破。在强政府的发展模式下，制度因素对我国的城市化和城乡发展具有深刻影响。城市化中后期需要从城乡二元性的制度结构转变成为城乡整体性的制度结构，实现这一转变需要不断深化社会主义市场经济体制改革，不断加强平衡城乡协调发展的社会体制改革，这些都需要依赖不断的制度改革和制度创新才能实现。

城市化过程中制度建设滞后，会对城市化发展带来阻碍。因此，城市化中后期发展也是制度建设的攻坚阶段，如何改革作为城乡二元结构载体性制度的户籍制度，如何推进城乡社会保障制度、就业制度、土地制度、公共财政体制的改革，并逐步建立城乡整体发展、区域整体发展的制度框架，这需要巨大的改革勇气，也需要细致周密的改革部署。

城市化水平在达到50%以后如何继续有效推进我国的城市化，从而实现城乡二元结构的根本破解，实现城乡统筹发展和城乡平衡一体的目标，是国家未来发展面临的重要战略任务。也只有从中国的制度背景和基本国情出发，不断推动制度改革和制度建设，才能支持中国实现有效的和良好的城市化，并建设城乡整体发展的现代社会。

第三章

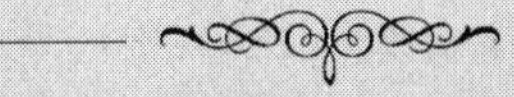

社会建设的改革和突破

加强社会建设，必须以保障和改善民生为重点，推进社会体制改革，加快形成党委领导、政府负责、社会协同、公众参与、法制保障的社会管理体制，政府主导、覆盖城乡、可持续的基本公共服务体系，政社分开、权责明确、依法自治的社会组织体系。

一、增强民生福利和实现科学发展

增强民生福利是社会建设的基本内容，也是国家发展的基本目标。重视增强民生福利和增进人民的幸福，改变了以物为核心的发展观，强调以人为核心的发展，是对“以GDP为本”的发展观的修正，本身就是一种“科学发展观”。重视民生福利和加强社会建设，意味着在发展观上需要确立以下几种观念。

第一，重视民生福利是科学的“财富观”。发展本质上是创造财富的过程。我们一般都认为经济增长和物质资本的积累是财富，而实际上财富包括更为丰富的内容。世界银行的报告将财富分为三类，包括物质资本、人力资本和自然资本。健康水平、预期寿命、生活质量、知识水平和教育水平、人口素质等的提高，是人力资本的进步；而生态环境的恢复和改善，水环境、空气质量的提高，生态可持续能力的加强，人类应对自然灾害和全球变化能力的提高，是自然资本的增强。因此，包括教育、居住、健康、环境等民生福利的进步，本身是以人力资本为核心的社会财富的积累，如果经济增长损害了人力资本和自然资本，可能总体上还是对社会总财富的破坏。

作为科学的财富观，国家发展的目的还不仅仅是追求财富的增加，而更在于财富的公平分配，财富要让社会最大多数群众所共同享有，要能够创造出最大的社会价值，并增强全体社会成员进一步实现全面发展的能力。因此发展是为了提高民生福利，这不是“唯利”的心态，而是一种充分利用财富创造社会正义的“唯义”的心态。这和“君子喻于义，小人喻于利”的传统处世理念相契合，是一种追求天下大同、追求人的全面发展的王道政治思想。

第二，重视民生福利是科学的“执政观”。民生福利是人民群众最根本的利益。党和国家执政的根本目的是为了人民，执政的根本基础也是人民群众。只有代表人民群众的最根本利益，我们的共产党才能成为人民的代表，成为人民群众的先锋队。致力于为人民群众提供更广泛的民生福利，充分实现“执政为民”，是中国共产党的执政逻辑。

将民生福利作为政府责任和执政基础，这也是和现代国家的基本理念相一致的。欧洲国家在20世纪50年代左右提出福利国家理论，建立起“从摇篮到坟墓”的社会福利体系，认为政府在提供公共福利保障与公共服务方面具有不可推卸之义务。在20世纪后期，虽然各国对“福利国家”政策进行了或多或少的以市场化为导向的改革，政府仍然是民生福利的最主要的责任人，政府财政支出是公共服务和民生福利的最基本保证。世界上主要发达国家对民生福利的政府开支都占GDP的40% ~50%，占政府财政总支出的一半以上。从公共管理理论到公共服务理论，都把政府提供福利产品组织福利产品供给作为基本职责，并以此指导服务型政府的建设。强调民生福利，也表明我国政府的职能定位需要从片面强调经济管理职能，向更加重视增强社会管理和公共服务职能转变，并努力构建更为完整的公共治理格局。

第三，重视民生福利是科学的“政绩观”。政府积极推动经济增长是重要的，但过分强调GDP可能会带来资源环境的耗竭性使用，造成劳动力地位的弱化和劳动权益保护的弱化。政府不是企业，政府工作的政绩不是经济利益的最大化，而应该是社会福利的最大化，政府应该更加关注公共利益的维护、人民群众生活需求的满足，和建设较为完善的公共服务供给体系。一些城市提出了民生净福利指标体系。所谓“净福利”是经济发展所带来的全部经济和社会福利，减去各种负面效应的消耗后的剩余福利。民生净福利的主要内容包括收入分配与公平、安全水平、社会保障水平、人的发展水平、公共服务水平等。这样的新的政绩评价和监督体系，必然会对政府职能转变发挥积极的引导作用。

第四，重视民生福利是科学的“民本观”。我们经常强调，发展的目的是要“富国强兵”，长期计划经济体制也把国家为本作为发展的出发点。重视民生福利，则从强调“国家为本”回归到“人民为本”。因为国家发展的根本目的还是为了人民。重视民生，意味着我们不仅要追求富国，而且更要追求富民，而且应该首先要富民。近年来，从国家层面看，“富国”的速度非常快，国家财富增加迅速，国家的财政能力迅速增强，而人民群众工资增长的速度却相对滞后于GDP增长，一定程度上就是富民的速度相对太慢了。所以强调民生福利就是要以人民的生活富裕和幸福作为发展的根本追求。

这种“富国”和“富民”观念的差异，也可以从不同地区的经济发展模式表现出来，有的地区虽然经济增长很快，但人民群众可能并不富裕。而另一些地方强调藏富于民，虽然政府的公共财政可能并不十分充足，但企业活力和自主性较强，居民的经济收入较高，经济发展的创新力和可持续性较强。重视民生福利，意味着我们的发展要更加重视民众和家庭，人民富则国富，人民强则国强，社会基层细胞的富裕是发展可持续性的保证。俗话说“水涨船高”，把国家的长远发展建立在国家细胞的人民群众的富裕和幸福上，国家治理的航船才会越开越稳。

以民本观来看待提高民生福利，另一个方面就是人民群众应该成为公共福利政策的决策者、参与者。提高民生福利，要求顺应民心和民意，帮助人民群众表达其利益需求，实现共同利益。进入本世纪，公共管理的基本理念已经从新公共管理转变到新公共服务。新公共管理提出政府“要掌舵，不要划桨”，提出多元的社会治理格局。而新公共服务则进一步提出政府的职责是“服务而不是掌舵”。民生福利的提高要以尊重公民权、提高公民的知情权和发言权，以及实现公众利益为指向。人民是公共政策的决策者，需要在公共治理和公共服务过程中充分表达其需求，实现广泛的参与。同时，提高民生福利的最终效果，也需要用人民群众的客观生活和主观满意度来评估和检验。

因此，重视民生福利是和提倡科学发展内在契合的。民生福利是发展的重要内涵，民生福利是政府的基本责任，民生福利是执政的根本目的，民生福利通过富民来推动富国。只有充分考虑民生福利的因素，发展的内涵才更丰富和更完整。

民生福利的改善是社会建设的核心内容，与人民生活幸福紧密相关。“努力使全体人民学有所教，劳有所得，病有所医，老有所养，住有所居，推动建设和谐社会”，这很好地指明了各项社会建设的具体内容。十八大报告提出，在具体实行改善民生的社会建设上：一要努力办好人民满意的教育，坚持教育优先发展，深化教育领域综合改革，大力促进教育公平；二要推动实现更高质量的就业，一方面要积极扩大就业，另一方面还要提升劳动者就业创业能力，增强就业的稳定性，构建和谐劳动关系；三是要千方百计增加居民收入，到 2020 年要实现国内生产总值和城乡居民人均收入比 2010 年翻一番；四是要统筹推进城乡社会保障体系建设；社会保障要坚持全覆盖、保基本、多层次、可持续的方针，以增强公平性、适应流动性、保证可持续性为重点；五是要提高人民健康水平，坚持预防为主，以农村为重点，中西医并重，按照保基本、强基层、建机制要求，重点推进医疗保障、医疗服务、公共服务、公共卫生、药品供应、监管体制综合改革，完善国民健康政策，为群众提供安全有效、方便价廉的公共卫生和基本医疗服务。

提高民生福利，加强社会建设，不能仅仅停留于理念，需要制定和实施一系列公共政策，特别是包括教育、卫生、就业、保障等具体的惠及于民的公共政策，使改革开放的成果让人民群众所共享。

第一，完善与民生福利相关的制度建设和社会政策体系。

相对于前一段时期我们比较重视经济改革和经济政策，提高民生福利更多地将依赖社会政策和社会建设的推进。十八大较为系统地提出了在未来一段时期内需要探索建立的民生福利制度体系，例如建立城乡统一的医疗卫生体制、覆盖城乡的社会救助体系，建立廉租房和经济适用房制度、完善的义务教育体系，形成城乡劳动者平等就业和就业扶助制度，等等。而这些不同领域的民生福利体系建设，也包括非常复杂的政策内容，例如医疗卫生的发展则包括了城镇职工基本医疗保险、城镇居民基本医疗保险、新型农村合作医疗制度建设，建设覆盖城乡的公共卫生服务体系、医疗服务体系、医疗保障体系、药品供应保障体系、社区卫生服务体系等丰富的制度体系建设。因此，在制定实施这些具体民生福利的政策体系时，需要进行综合系统的对策研究和政策决策。

第二，提高民生福利的公共政策要充分考虑不同人口群体的利益和需求。

人民群众在改革开放过程中日益多样化，不同社会群体具有不同的利益需求，不同群体感受最为迫切的民生福利内容是不一样的。不同群体在生命周期的不同时期，其民生福利的需求也是有所不同的。因此加强民生福利需要从人民具体需求出发，提供有针对性的公共服务。例如当流动人口进入城市最初需要的在就业基础上的社会保障的建设，有基本居住的需求，随着他们结婚和生育，开始增强对健康和保健的需求，当他们子女到了入学年龄就可以增加教育的需求，乃至逐步增强对稳定居住、自身发展等需求。因此，即使是对流动人口群体本身，其具体需求也是多样性的，民生福利建设应该针对多样性的人口群体提供差别化的社会福利供给，应通过充分发挥不同社会群体的民主来实现其具体需求和根本利益。

提高社会不同群体的民生福利，尤其要加强对社会弱势群体的社会保护和提供社会政策，例如贫困人口、失业下岗群体、妇女儿童、农民、流动人口，等等。一方面弱势群体的抗风险能力比较弱，同时，弱势群体普遍缺乏话语权，使其难以进一步保护自身的利益。公共政策的制定特别要重视弱势群体的利益和需求，这样才能够为整个社会提供一个最为基本的托底性的保障机制。提高民生福利的制度建设要有利于社会平等和贫富差距减小的实现，如果社会弱势群体福利水平不足，而强势群体却更多地获得社会福利，则会形成一种负福利的状态。因此加强民生福利要特别重视弱势群体如农民、农民工等的福利进步，使他们的福利进步快于社会整体的福利进步。因此，继续推进普惠性和平等化的社会保障体制仍然是未来十年的工作方向，基本公共服务均等化是民生福利发展的重要任务，公共财政是推动民生福利的重要手段，收入分配改革是民生福利改革的当务之急。

第三，推动公共服务型和公共责任型政府的转变，更加重视民生福利。

各类民生福利建设的提高，首先需要政府发挥更大的作用。总体上，政府向公共服务型政府转变仍然缓慢，这是与政府的政绩评价体制仍然没有根本转向相联系的，GDP 主义很大程度上对于地方政府发展根深蒂固。以民生福利为导向的政府职能转变不足，也与地方政府财政能力不足相联系，地方政府缺乏能力应对急剧增长的人口流动性，因此需要中央地方通过有效协作的方式更好地解决民生福利所面临的问题。

第四，政府和社会性公共部门应共同协力，推进各项民生福利事业。

民生福利的本质属性是公共物品，需要政府承担主要的责任。政府应扩大公共财政支出，提高公共财政中用于公共服务和民生事业的比重。强调政府责任，也并非意味着所有的公共服务都需要政府亲历亲为，并非意味着所有民生福利都需要政府来提供，政府应广泛培育和组织社会性公共部门的力量，促进社会性公益投入，推动社会和企业部门的社会捐赠和志愿者行动，积极动员各种力量，共同为提高民生福利和公共服务做出贡献。

第五，公共政策的核心理念是推进人民群众的积极参与和民主决策。

政府要将民生福利作为公共责任，需要在公共政策中加强民众对于公共政策的有效参与和有效推动，这样人民群众的利益就能够有效表达和有效进入政策议程，这是实现民生福利和公共责任政府的最有效动力。对民生福利的公共决策要从人民群众的具体需求出发，而不是从政府行政性的资源配置出发。一些广场、大楼等重要公共建设，虽然政府的出发点是好的，但也可能因为并非尊重群众的需求而不能获得人民的支持。政府的决策体制应该由从上到下的命令和强制，转变为由下到上的公共决策。因此，强调以民为本和实现民生福利的公共政策，客观上需要增强民主性，加强人民群众的利益表达和利益维护。从这个意义看，只有民主才有公共政策，更好的民主才能真正代表最大多数群众的利益。民主是实现民生的保证，以民生为重点的社会建设，本身也直接呼唤着政治体制的改革。

第六，要构造国家和地方以及不同地区间民生福利制度体系的整体框架和相互衔接的体制。

在中国这样的地区差异巨大、中央和地方权利分割的大国管理模式下的公共政策决策，既需要有在全国层面上建立基础性的民生福利体系，也需要地方政府根据具体需求提供一些地方性民生福利的制度化供给。随着城乡壁垒逐步被打破、地区性流动的加剧，尤其需要探索城乡之间、地区之间民生福利制度体系的相互衔接。我国民生福利整体体制的逐步建立，本身是与大国治理的公共管理体制建设相伴随的过程。

在全面建成小康社会的发展进程中，改革开放已经进入到了一个新的历史时期。不断提高人民群众的民生福利，让人民群众更全面地共享改革开放的成果，是改革不断调整和深化的要求，为推进未来的改革吹响了号角。对中国发展而言，人民群众提高民生福利的需求从来没有像现在这么迫切，而经济增长也加强了民生福利建设的能力。我们期待随着改革开放的不断推进，民生福利的制度体制能更加完善，人民群众能够实现更加富裕和幸福的生活。

二、实现城乡社会保障一体化的路径

改革开放推进到当前时期，城乡二元结构正逐步被打破，需要建立和完善覆盖城乡的社会保障体系。社会保障体系建设也是民生福利建设尤其重要的内容，是统筹城乡一体化发展的重要制度变革。这样的过程可以通过几个综合的途径来实现：

（1）需要为进入城市，已经获得稳定工作和稳定居所的农民工逐步增加社会保障和社会福利，使其能逐步融入城市。流动人口已经在逐步纳入城市体系，然而流动人口在城市的社会福利安排上还碰到很多的制度障碍，例如当前社会保障很大程度上和地方户籍挂钩。从西方国家的经验来看，社会保障是和就业管理相联系的，因此我们可以逐步创造条件，使社会保障和户籍逐步脱钩，并将具有稳定工作的农民工逐步纳入到社会保障体系中去。同时，在城市中也可以建立类似自由职业、劳动代理等社会保障计划，扩大对各种就

业形式的劳动者的社会保障服务。为农民工扩展社会保障服务，城市的对社会保障的公共财政支出中需要增加对外来常住人口的财政供给，从另一个角度看，国家在宏观社会保障支出的整体配置上，也需要按照不同地区常住人口的具体分布来合理配置国家社会保障公共财政，和倾斜性的财政补贴，以形成中央和地方共同行动、共同建设城乡社会保障体系的格局。

（2）在农村地区，应不断扩大养老保障、医疗保障和最低生活救助的覆盖面和保障水平。城市已经基本建立了广覆盖的基础社会保障体系，农村地区的养老保障、新型农村合作医疗、医疗保险、最低生活保障的覆盖率较低，保障水平也比较低。为了实现城乡统筹发展，政府的公共财政特别需要投资于减少城乡差距，公共财政应该为提高农村各种社会保障发挥主体作用。

(3) 要总结和完善在城市化过程中“以土地换保障”的机制，为农村居民从农村向城市的“惊险的跳跃”提供制度上的支持。在人口不断向城市集聚的过程中，对失地的农民，政府充分补偿其土地权益的损失，为他们补充相关的社会保障计划，还应该积极地为其提供就业的服务和发展的培训。我们也可以探索推动在更大范围内实现土地使用权和社会保障的对接交换，推动跨地区、跨区域的土地使用权的市场流转，实现更加集聚化的城市发展，也在区域之间实现更有效率的土地利用。

(4) 在城乡之间、地区之间的社会保障需要建立有机衔接的体系。当前，在不同地区之间，以及同一城市的农村、城镇和城市之间，都有着各种不同的社会保障计划。根据当前我国的宏观管理体制和财政格局，国家应该为城乡社会保障提供一体化的基础性保障，不同地区可以实施适合本地区的社会保障计划，并通过合理的衔接体制实现社会保障的跨地区、跨部门和跨城乡的对接。这种对接很大程度上不是技术上的问题，而是跨地区、跨城乡间政府和社会保障管理部门相互协议的结果。在这一对接过程中，上级政府可以为下级政府间的社会保障转付对接提供财政补偿机制，例如当发生人口流动使社会保障账户从A地转移到B地，A地社会保障统筹部分的保障损失可以由上级政府的社会保障基金提供补偿。各地政府为城乡之间社会保障计划的衔接提供财政支持，省级社会保障财政支持地市之间的社会保障对接，而国家为省和省之间的社会保障对接提供政策支持框架和财政补偿。这样一来，城乡之间、地区之间的社会保障壁垒就能够逐步被打破。而社会保障的城乡差别和地区差别也将随着社会活性化的进一步提高和分地区经济的发展，而逐步更加均衡。

（5）逐步探索建设全国统一的国民年金社会保障计划。要改变碎片化、地方化和城乡分割的社会保障体系，我国可以探索在全国层面逐步推进类似台湾地区那样的国民年金计划，以统一缴费率、统一年金标准的方式实现国民统一的保障体系。这个普惠性的社会保障体系是低标准和广覆盖的，同时不同地区可以根据自身情况有一些补充性的年金计划，特别是商业年金和企业年金计划。通过国民年金计划为抓手来逐步实现社会保障的城乡一体化、地区间的一体化，并在整个国家内建成完整统一的社会保障网络机制。

建设城乡统一的社会保障不仅是一个发展目标，同时需要细致的政策措施和制度安排来加以实现。在这个过程中还特别需要考虑弱势群体的利益和实现政策的公共性。如果我们国家能够在城乡二元结构逐步打破的过程中逐步建立完善的城乡一体化体制，那么我们就会很乐观地看到，从一个发展中国家逐步迈向现代化国家的大门已经打开了。

三、适应人口流动性，完善社会保障体制建设

当前我国正在积极推进建设更加普惠性的社会保障体系。这只是社会保障建设的第一步，完善社会保障体制仍然面临诸多挑战。

随着人口迁移流动的增强和城市化的发展，人口流动性对社会保障体制建设所带来的压力和影响正日益突出。当前我国的流动人口数量已经达到2.6亿。根据对六普数据的分析，在2.6亿的流动人口中，农村人口离开户口所在地的乡镇进入其他地区的城镇乡城迁移人口大约有1亿人口，从中小城镇和城市进入其他城镇地区的城城迁移人口大约有1.3亿，另外有0.3亿人口是从农村地区迁移流动进入其他地区的。与此同时，在城镇周边的农村地区，无论是城市化过程中农民被动地失去土地进入城镇，或者当地农民主动地离开土地进入所在城镇地区就业和居住，这部分的乡城迁移流动的总量也有近1亿人口。我们也看到，人口跨地区迁移流动的态势进一步增强。东部沿海地区继续保持大规模的人口集聚，而随着中西部地区崛起和产业转移，中部地区的城镇化发展迅速，对人口迁移流动的吸引力也有所增强。我国迁移

流动人口中跨省迁移流动人口达到8600万，其中广东、浙江、上海、北京、江苏都是人口迁入的主要地区；而四川、重庆、广西、贵州、安徽、江西、湖南、湖北，以及河南、河北等省份，都有大规模的人口迁出。

我国社会保障体制的实施相当大程度上还是依据户籍身份，大量迁移流动人口和农民工群体难以被当地的社会保障体系所覆盖，甚至流动者个人考虑到长期生活安排的非定居性，也并不愿意参与所在地区的社会保险计划。不同地区由于统筹区域不同，具有不同的社会保险计划，不同社会保险基金的统筹体系还相互隔离。同时，我国农村地区实施的是新农村养老保险和新型农村合作医疗，而城镇居民享受城镇职工和城镇居民社会保险；一些城市中还分为城镇保险和小城镇保险等不同类型。

因此，社会保障体制的户籍分割、地区分割、城乡分割，越来越不适应日益增强的人口流动性，不适应人口空间转移，不适应我国城镇化的推进。这样缺乏流动性的社会保障体制，造成社会保障的碎片化，扩大了社会福利的不平等，也限制了城乡一体化、区域一体化的劳动力市场发展。

因此，如何使社会保障体制的发展适应人口的流动性和支撑人口的流动性，如何实现不同性质、不同地区的社会保障有效衔接转移，成为人口迁移流动和不断城镇化过程中社会保障体制建设的一个突出难题。

在人口流动性日益增强的背景下加强社会保障建设，一方面要推动相关的技术创新，实现跨地区社会保障衔接转移，需要个人身份识别的信息系统建设，需要跨区域和不同保障基金间的结算安排，需要在金融体制上支持跨区域和不同保障产品间的合并和取现，等等。但更重要的是，人口流动性下的社会保障体制建设需要推动相关制度创新，如何解决进入城市的迁移流动人口的社会保障、如何实现跨地区社会保障衔接转移，涉及复杂的利益协调和制度建设，制度创新的困难和挑战显然比技术创新更加突出。

适应人口流动性的社会保障体制建设，就是要打破社会保障体制的户籍分割、地区分割和城乡分割，并在此过程中构建更加均等化和一体化的国家社会保障体制。

第一，适应人口流动性，逐步增强对迁移流动人口社会保障计划的接纳和覆盖。

将大量迁移流动人口逐步纳入流入地城市的社会保障体系是必要的。同工不同酬、同工不同保障，不仅是劳动权益的不平等，也带来了收入分配和福利安排的不平等，并使户籍身份体系构成劳动力市场分割，影响劳动力自由流动。客观来看，当前迁移流动人口的社会保障建设落后于人口的流动性，并成为劳动力市场发展和城镇化发展的阻碍因素。

通过流动人口逐步更加平等地进入所在地区的社会保障体系，能够帮助其在城市中长期居留和稳定居留，推动流动人口的市民化和社会融合，并因此帮助迁移流动人口完成其城市化，成为城市新兴中产阶级的组成部分，并为推动中国经济持续发展和社会结构的不断提升创造条件。

在另一方面，包括城镇职工养老保险、城镇职工医疗保险，乃至城镇居民养老、医疗保险也应该尽可能地逐步剥离与户籍身份的关联，过渡到以就业为基础的社会保障安排。逐步将户籍制度和社会保障体制脱离，不仅有利于户籍改革，也有利于社会保障体制本身的发展。推动流动人口进入城镇社会保障体系，能够帮助流动人口长期安排其老年生活和医疗福利，并在短期中有利于社会保险基金的内在平衡。而由于将社会保障的福利供给压力和户籍身份逐步剥离开来，也能够为户籍制度的逐步改革扩展更大的执行空间。

第二，适应人口流动性，探索和推动不同地区社会保障计划的有效衔接转移。

地方分割的公共财政体制，带来不同地区社会保障基金账户的相对独立和相互分离。不同地区的社会保障项目的缴费率、缴费期限和支付水平存在差别，为跨地区不同的社会保障项目中实现衔接转移带来困难。同时，目前跨地区的社会保障转移往往是只转移保险人的个人账户，而保险人的统筹基金部分难以转移，这不仅对保险对象而言，是保险利益的损失，对于接受保险转移的地区也缺乏动机来接续其社会保险积累。

社会保障的跨地区、跨部门的衔接需要探索制度的创新，这种衔接需要跨地区、跨城市的政府和社会保障管理部门通过相互协议协调各自利益、规范衔接的机制。一个可供选择的过渡性方案是，在社会保险衔接转移的过程中，上级政府可以为下级政府间的社会保障转付对接提供财政补偿，例如当发生人口流动使社会保障账户从 A 地转移到 B 地，A 地社会保障统筹部分的保障损失可以由上级政府的社会保障基金提供补偿。各地政府为城乡之间社会保障计划的衔接提供财政支持，省级社会保障财政支持地市之间的社会保障对接，而国家为省和省之间的社会保障对接提供政策支持框架和财政补偿，如此一来，地区之间的社会保障衔接的壁垒就能够逐步被打破，而社会保障的地区差别也将随着社会活性化的进一步提高和分地区经济的发展，而逐步更加均衡，这将会进一步支持跨地区社会保障的有效衔接。

在此过程中，在一些人口迁移流动相对比较集中的城市之间、区域省际之间，例如东部沿海的长三角地区、广东地区，则可以率先开展区域性的社会保险基金衔接转移探索，通过不同地区间的保障计划衔接协议，不断实现区域内社会保险体制衔接，并为更大范围内的社会保险统筹和整合创造条件。

第三，适应人口流动性，不断提升社会保障的统筹层次和城乡一体化水平。

在人口迁移流动的过程中，也有相当数量的农村人口失去土地进入当地城镇，以及农村人口离土不离乡地进入城镇。这些人口的城镇从业身份和农村社会保障的体制安排构成了不匹配的现象。其实不仅是社会保障，在城市化的推进过程中，城乡社会管理和公共管理的体制都存在两张皮难以结合的现象。例如在城郊结合部地区，城镇人口、农村人口和外来人口相互混杂，农村的社会保障体制和城镇的社会保障体制交织在一起，带来城乡管理的困难，也带来地方社会的分化。

因此适应农村人口进入城镇，需要包括社会保障体制在内的城乡管理体制相应调整、整合。通过不断提高某地区的统筹层次，逐步整合农村社会保障、小城镇社会保障和城镇社会保障，提供更加一体化的社会保障安排，并为农村人口进入城市和实现城镇化提供支持。

总之，分户籍、分地区、分城乡的碎片化的社会保障体制安排和人口的流动性的日益增强构成一对尖锐的矛盾，不仅阻碍人口流动性和城市化的推进，也加剧了社会分化和社会不平等。这种矛盾提示在未来社会保障体制建设过程中，需要打破不同社会保障计划的藩篱，在不同社会保障间构筑通道。更主要的改革目标在于建立城乡一体化、区域一体化乃至国家整体性的社会保障计划，使不同社会保障项目能够成为有机衔接的整体。需要迫切推动建立这样的社会保障整体体制，更好地适应日益增强的人口迁移流动和城镇化的发展。

四、统筹协调和实现社会均衡协调发展

国家发展进入改革开放深化的时期，需要应对社会转型过程中出现的社会分化和利益冲突，并妥善协调不同利益，实现社会凝聚和社会整合。这是为了建设和谐社会的需要，也是实现改革过程中利益共享和利益协调的需要。

改革开放以来中国经济取得了高速的增长，与此同时，贫富差距扩大，城乡差别和区域差别扩大，社会阶层结构分化。因此应对改革以来日益扩大的社会分化和社会矛盾，维护一个稳定和整合的社会，需要重视统筹协调以下几方面的关系：

第一，协调、统筹贫富关系，减少收入差距。

改革开放前我国基本上是一个低收入水平的均质化社会。改革以来打破了平均主义的分配方式，调动了劳动者的生产积极性，同时贫富差距也在逐步扩大，已经日益成为一个严重不平等的社会。根据世界银行的计算，我国当前的基尼系数已经达到 0.47，总人口中 20% 的最低收入人口占收入的份额仅为 4.7%，而总人口中 20% 的最高收入人口占总收入的份额高达 50%，也有研究表明我国的基尼系数已经超过 0.6。以减少收入差距为核心的收入分配改革已经成为

社会建设的重要攻关性的改革。

减少收入差距，重要的手段是深化收入分配制度改革，完善社会主义市场经济体制。在初次分配中需要理顺分配关系。坚持以按劳分配为主体，多种分配方式并存，在初次分配中也需要充分保障劳动者的利益，充分提高劳动在分配过程中的合理收益。同时加强对垄断行业收入的监督和管理，制止走私贩私、假冒伪劣和包括贪污腐败等非法收入。同时，加强收入再分配对收入差距的调节作用，强化收入分配的税收调节功能，并通过完善社会保障体制的再分配体系减小收入差距。例如，要完善个人所得税制度，建立普遍的个人所得税年度申报制度，实施累进的税率。个人所得税的征收起点要逐步提高，而且征税起点的增加额要快于人均 GDP 的增长速度，以确保更多的相对低收入的人口群体的实际收入提高的速度更快。

第二，协调、统筹城乡差距和城乡关系。

我国作为一个农业社会向工业社会过渡时期的发展中大国，具有显著的城乡二元结构。二元结构是高生产率和高工资的城市工业部门与低生产率和低收入的农村农业部门的二元性结构。改革开放以来，城乡差距不是缩小了，而是扩大了。只是在 20 世纪 80 年代前半期以来城乡收入差距有所减小，从 20 世纪 80 年代后期以来城乡收入差距不断扩大，当前城乡居民人均收入比已经超过 3.3∶1。

城乡收入的扩大既是工业部门和农业部门生产率差别的结果，也是我国的城镇化过程中没有充分保障农村和农民利益的结果。因此统筹城乡发展，需要站在经济社会发展全局的高度研究和解决“三农”问题，一方面要发展现代农业和建设社会主义新农村；另一方面需要实行以城带乡、以工促农、城乡互动、协调发展。同时，积极推动城镇化，使大量移民能够实现市民化和融入城市体系，通过城乡的良好互动推动城市和农村的共同发展，并逐步减少城乡之间的收入差距。

第三，协调、统筹地区差距和区域发展。

改革开放以来，我国的经济发展呈现由沿海到内地梯度发展，我国东、中、西三大地区的收入差距呈扩大趋势。我国东中西部的发展差距，不仅表现在经济水平上，在教育、人力资源、基础设施、公共事业发展等方面都表现出日益扩大的差距。实现区域协调发展，需要加强对西部地区的转移支付，加强中西部地区基础设施建设，鼓励外地投资者到中西部投资，通过各种形式增强中西部地区的经济实力，以经济发展带动中西部居民收入的增长，缩小与东部发达地区居民收入的差距。同时，加强东部和中西部的联动，促进东部地区的产业资本、技术和市场网络和中部西部的经济发展结合起来，促进制造业向中部地区转移，提升东部地区的生产性服务业的服务能力，形成东中西部优势互补、相互促进、共同发展的格局。

贫富差距扩大、城乡差别扩大，以及地区差别扩大，某种意义上是经济发展在一定时期出现的结构分化阶段，这也就是通常认为人均 GDP 达到 3000 美元以后进入社会结构分化期和社会矛盾突显时期的原因。如果不能妥善应对这种结构性的分化，国家发展也很可能陷入转型期陷阱，或者说是“中等收入陷阱”。因此要求在国家发展进入这一时期以后，应尤其重视通过社会建设调整，缓解结构性分化，并通过结构性调整平衡社会利益，促进社会经济的持续发展。

五、确保城乡结构弹性松动和渐进融合

改革开放以来，城乡迁移和人口流动日益加剧，目前我国流动人口已经达到2.6亿。流动人口从城市体系中占较少比例的群体成为具有举足轻重意义的重要组成部分。与此同时，流动人口与城市的经济联系、社会联系日益密切化，这些都要求城市户籍管理体制适应流动人口长期居住于城市的现实，作出相应调整。

最近，国家正在探索深化户籍制度改革的举措，近年来不少省份地区在户籍改革上也有不少试点和实践。尽管户籍改革是大势所趋，但我们仍要充分认识到这一改革的艰巨性和长期性。户籍体制改革的本质属性是居住地管理体制，是对人口进行有效管理和统计的基础性制度。改革的基本要求是从审核体制过渡到登记体制，实现居住地管理。流动人口流动性确实比较强，对其进行居住地管理是比较困难的，但户籍改革的根本困难并不在于确定一个城乡统一的居住地登记体制，而在于现行的户籍制度是和一系列制度安排和社会福利体系紧密联系在一起的，它是城市公共福利体制的母体性制度和载体性制度，因此户籍改革就要求城市公共福利体制相应地进行改革，而这种整体性改革对城市部门而言，无疑压力巨大。

相当数量的外来人口在城市长期居住，有着稳定的工作或者在城市投资创业，有着稳定的居住场所，依法纳税，相当多数人已经不再是“单枪匹马”独闯城市，而是将整个家庭一起迁移到城市中。这些人已经成为事实上的城市人口了，但却仍被作为农业户口统计，其实是不合理的。所以，鼓励外来流动人口根据自己的需要实现迁徙自由，获得所在城市的户籍，从长远看，这样做不仅应该，而且有助于破解城乡二元结构困局，实现城乡统筹发展。但是，为什么客观上进行户籍体制改革困难重重，并且存在失败的风险呢？主要原因在于当前城市的公共服务供给难以应对大量外来人口的需求。城市人口因为其所拥有的城市户籍，享受相对较高的教育、卫生、医疗、就业和社会保障等社会福利，一旦取消户籍界限，城市公共服务体系恐怕难以骤然承受外来人口对公共服务需求的压力。城市政府对福利产品的供给能力总体上是相对不足的，这会使推进城乡户籍体制改革遇到巨大压力和挑战以及可能难以克服的成本。

从户籍改革的实践看，一步到位的改革和“换汤不换药”的改革似乎都难以实现最终的改革目标。但是，也不能因为户籍改革很困难就裹足不前，而走向另一个极端。如果户籍改革拖延时日，不仅不利于社会问题的解决，还将导致社会矛盾的激化，这与我们建设和谐社会的目标是格格不入的。在城乡迁移和人口流动达到一个新的阶段的今天，城乡户籍制度迫切需要改革。但改革要平稳运行，则需探索务实性、有策略的过渡方案。

（1）根据流动人口在城市长期居留的行为模式，可分阶段地推行户籍制度改革。研究表明，流动人口进入城市以后的居留模式表现出逐步滞留的过程。笔者最近对上海外来人口的研究表明，一批外来人口进入城市后，第一年内会有约50%的人口滞留下来，而到了第二年大约剩下35%，这批人口逐步沉淀，不断有人会选择离开。到了10年左右，大约有10%的人口滞留下来，而且数据表明，10年以后这10%的人口基本上会稳定地滞留在城市中。流动人口进入城市体系，是逐步滞留、逐步沉淀的，因此，需要根据流动人口在城市居留的时期和阶段，逐步推动户籍制度的改革。具体来说，可以把流动人口分成不同的层次，对短期居住在城市的外来人口可以采取相应的政策，对居住3～5年的则可以增加其享受的社会福利，而对于居住10年以上的外来人口就应使其拥有本地户籍，并享有与本地居民的相应福利。应该根据流动人口在城市居留时间的长短，提供差别性的户籍制度和社会福利制度，这样，就可以根据流动人口在城市居留的时间长短，通过分层次递进的方式使其逐步整合进城市体系中。

（2）可以根据流动人口不同群体的特征，差别性地推进户籍制度和相关福利制度的改革。可以把外来人口分成不同的人口群体，其中如异地婚姻者，购买住房者，投资创业者，高素质、高技术能力的外来人才等，这部分人口具有较高的移民和定居倾向，同时这部分群体对城市户籍安排和公共服务体系的需求也相对更加强烈。因此，户籍改革可以首先考虑满足这部分群体的需求，首先对这些群体放开户籍，并逐步将户籍体制的改革成果扩大延伸到其他人口群体。

（3）可以根据外来人口的具体需求，有针对性地逐步向外来人口群体放开有关制度体系。例如现在已经逐步放开针对流动人口子女的教育制度，此外，还可以逐步推进对城市工业部门集体户的综合保险，建立外来劳动者的工会体系，建立面向农民工和其他外来人口群体的大病或疾病住院保障，等等。可以根据流动人口面临的最迫切的需求来推动制度改革，使流动人口逐步内化于城市的制度体系，逐步地融入到城市社会中去。

总之，对于户籍改革和依托户籍的各种公共福利体制改革应该采取一种弹性化、差别性的政策，为流动人口进入城市，乃至融入城市体系提供制度化的通道和接口。这样的户籍体制改革策略，才是一种较为务实和较能确保成效的可行性解决方案，也将能够发挥更加积极有效的作用。

六、中国户籍制度改革的路线图

户籍制度是城乡二元结构的基础性制度，构成影响我国城市化进程的关键性制度障碍。推动户籍改革是推动我国城市化和实现城乡统筹发展的绕不过去的一场攻坚战役。

六普数据表明当前我国离开所在乡镇街道的流动人口数量已经达到 2.6 亿，同时也有约 5000 万农村人口在所在地区的城镇就业和工作。这些人口中的多数长期居住在城镇中，但因为没有当地城镇居民户籍身份，所以难以实现市民化。这不仅造成城市内部的分裂，也限制了城市化过程的完成。

户籍制度改革是一个难度很高的系统工程，与户籍制度相关联的社会福利体制、公共服务体制、农村土地制度、中央和地方的财政体制，以及不同行政区管理的分割相互嵌套缠绕。只有逐步解开缠绕在城市户籍改革上的“绳结”，实现从城乡二元结构的制度架构转向城乡整体发展的制度架构，才能够为继续推进我国城市化和城乡发展构造良好的制度环境。

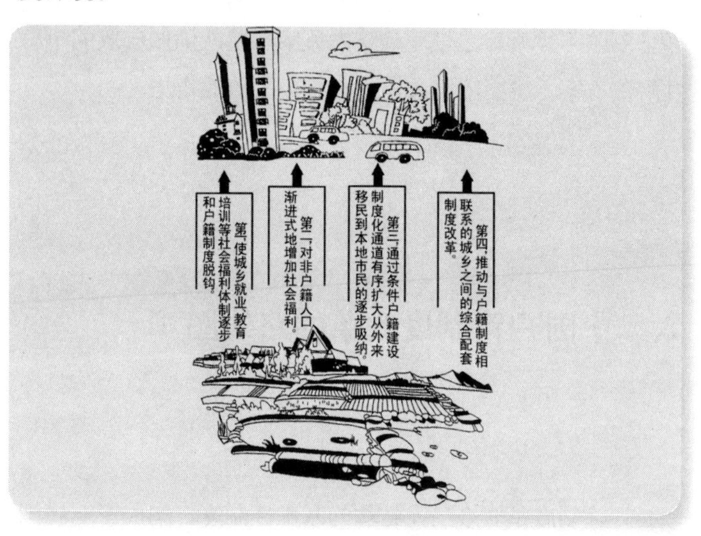

学界对户籍制度改革问题已经开展了丰富的研究，地方政府也已经开展了丰富的实践。在这些研究和实践的基础上，户籍制度改革应该从以下四个路径着手努力：

第一，使城乡就业、教育培训、健康服务、居住住房等社会福利体制逐步和户籍制度脱钩。

户籍改革陷入困境的重要原因在于户籍制度上嵌套了各种社会福利制度，从而使户籍制度不仅是居住地登记制度而且成为了一个“福利包”。从户籍改革历史来看，正是首先推动与户籍制度相关联的各种城乡体制改革，才使户籍制度得到松绑和改革的可能，例如20世纪80年代市场经济改革取消了粮食供给制度、副食品供给制度、燃料供给制度，这些改革推动了城市为农村人口开放大门，推动了小城镇改革。

20世纪90年代小城镇户籍改革是顺利而有效的，而本世纪以来大城市户籍改革却非常困难，其重要的差别在于，小城镇户籍并没有附加太多的社会福利和公共服务，而大城市户籍则有相对更高的地方福利。城市公共财政能力的有限性构成地方城市推动户籍改革的阻碍，单纯提倡城市政府要降低落户门槛，放宽落户条件来推动户籍制度改革，难免会增加城市公共财政的压力。而减少户籍身份所关联着的社会福利，使能够和户籍脱钩的各项社会福利逐步脱钩，则能够为户籍改革带来改革空间。例如社会保障主要是和就业身份相关联的，而不应是和户籍身份相关联的，只要有就业关系，无论在哪里就业，劳动者都应该有相关联的社会保障账户。同时教育培训、健康服务、计划生育、居住住房等制度规定和户籍身份的关联也应该逐步淡化。从这个意义上说，推动户籍改革的着力点应该着眼于户籍改革之外，应该使各种社会福利体制和户籍体制相互脱钩，这样才能够减少户籍改革的阻碍，为户籍改革腾出空间。

第二，对非户籍人口渐进式地增加社会福利，逐步增加公共服务的属地化和均等化。

与社会福利安排逐步和户籍身份脱钩相对应，是为非户籍人口渐进式地增加社会福利，逐步实现基本公共服务和社会福利的均等化，从而填平本地户籍居民和非户籍人口之间的福利差，并在此过程中推进户籍改革。“高门槛、一次性”的户籍改革使大多数非户籍人口难以有机会获得城市户籍和享受城市福利，而“低门槛、一次性”的激进性的户籍改革，不仅使城市公共财政难以承受，也不一定适应不同流动人口群体对于城市的户籍需求。因此，户籍改革的方向应是使非户籍人口能够通过“低门槛、渐进式”的方式进入城市，逐步增加他们在城市中获得各种社会福利的机会。

这个增量型改革可以有多种方式。一种是按照居住时间累进地增加外来人口的社会福利，当流动人口居住了 1 年可以具有某些福利，居住了 5 年可以增加某些社会福利，直到其逐步地成为本地市民。另一种方式是按照不同人口群体的具体需求，累进地增加外来人口的社会福利，例如，前些年我们还在讨论流动人口子女应取消借读费在公办学校入学，现在已经有越来越多的城市允许流动人口子女在本地接受义务教育，以及在本地参加中等职业考试；例如流动人口原来不能得到城市的社会保险，而现在流动人口也越来越多地进入城镇社会保险体系，等等。根据不同人口群体的具体需求逐步引导推动城市基本公共服务和社会福利体制改革，并逐步地实现基本公共服务和社会福利的均等化，是推动城市户籍改革的增量型改革路径。

第三，通过周密细致的条件户籍建设制度化通道有序扩大从外来移民到本地市民的逐步吸纳。

有效的城市化要为促进乡城迁移和引导流动人口从进入城市到实现市民化提供制度性的通道。计划经济时期，城乡之间人口迁移的制度通道单一，仅有招工、就学、提干等渠道。改革开放以后实行了知青回城的政策性通道。然后 20

世纪90年代中后期以来，不少地区实施了条件户籍的探索，包括一些城市实行了“蓝印户口”政策，这些都是逐步拓展城乡迁移的制度化通道。应该认识到城乡之间的大门是在逐步打开，城乡关系也正在日益活性化。城市部门也通过控制户籍改革的制度化通道，吸引城市所需要的人才，并控制城市化的速度和步伐。

所谓户籍改革的滞后，主要在于支持城市化和城乡转移的制度化通道的建设远远落后于大量流动人口进入城市的实际需求，远远落后于城市化的速度和态势，因此使城市化发展的通道阻塞，并使这种压力表现为日益扩大的城市内部的结构性分化。同时，当前多数城市的条件户籍管理过分简单，用计划体制一刀切的条件设定来推动户籍改革，不能很好适应流动人口的多样性和流动人口需求的多样性，不能真正满足外来人口进入城市和实现市民化的需求。

户籍改革需要构建一个外来人口进入城市到向本地居民转变的制度化通道。这样的通道应该是能够使外来人口从进入城市后的临时居住到长期居住，到逐步转变为本地户籍。最近在广东地区所进行的积分入户的探索，为流动人口逐步有序进入城市提供了有价值的借鉴。相对于传统户籍管理重视人才、住房等简单指标，更加综合的“积分入户”户籍改革方略，考虑流动人口对城市的贡献和他们在城市长期居住的具体需求，有利于建成一个更加丰富性和综合性的融入城市的制度化通道，并可以通过“积分入户”的体制建设和渐进性的福利体制改革衔接起来的办法，为流动人口逐步融入城市提供实施方案。

完善以“积分入户”为实施方案的城乡户籍改革政策：

(1) 需要满足城市管理的需求，城市部门能够通过户籍改革吸纳城市发展所需要的紧缺人才，并根据城市的财政能力合理调控城市化的速度和节奏，合理协调和平衡本地居民和外来人口的利益；(2) 需要满足流动人口自身的需求，要尊重不同流动人口群体在城市生活和发展的具体需求，适应他们在城市生活和发展的多样性，使希望在城市长期居住和永久居住的人口能够逐步获得城市的户籍。同时应该强调的是，建立城市户籍移民的通道并不应该仅仅是人才准入的通道，普通的劳动者只要是在城市稳定居住，只要希望未来在城市中长期居留下来，都应该有条件逐步融入当地社会。这要求户籍改革不仅是人才户籍，更应该是民生户籍。通过户籍改革促进外来人口进入城市和实现市民化，不仅是人才引进的需要，同时也是提高不同人口群体民生福利的手段，例如在本地居住了长期年限和具有稳定就业的劳动者、外来媳妇、在本地出生的外来儿童，等等，都应该能够按照一定的程序吸纳到城市体系中。

第四，推动与户籍制度相联系的城乡之间、区域之间的综合配套的制度改革。

户籍制度是城乡二元性制度体系，以及区域分割体的人口管理体制的载体性制度，因此户籍制度改革需要城乡之间、区域之间的相关制度改革的配套和系统性改革。

城乡和区域之间的社会保障制度、土地管理制度、劳动就业制度、行政管理和公共财政制度等在户籍制度基础上建立，并成为限制人口在城乡之间转移、限制人口跨地区转移的刚性结构，这种结构使单兵突进的户籍改革难以支持人口的流动性。因此通过城乡之间、区域之间配套性制度改革，在城乡一体化、区域一体化乃至国家国民待遇体制的整体思路下确立制度改革新逻辑，重建制度体系的新框架，只有这样，才能使户籍改革从这个制度框架中脱离出来，户籍改革才能够得到有效实施，同时在户籍改革过程中城乡之间、地区之间的制度衔接才能够得以维持。近年来，重庆市在统筹城乡发展和推进户籍制度改革的整体实施框架中进行了丰富的探索，为通过综合配套制度改革带动户籍改革提供了成功的经验。

由于移民的空间尺度不同，具有全国性、区域性，以及都市区内部不同的层面，因此需要探索不同层面上的综合配套改革的制度建设框架。例如实现社会保障体系的普惠制度和城乡统筹、促进跨区域土地流转、财政补贴机制都应该建立国家层面的国民待遇制度框架。不同地区也应该根据人口迁移和城市化的特点来塑造城乡统筹和区域统筹的制度框架。同时通过逐步扩展区域统筹，加强制度安排的跨地区衔接，推进区域一体化的实现，实现在更大范围内的户籍改革。不同地区户籍的转移，也需要实现各种社会福利体系的衔接，不仅是在技术上，更需要在制度上探索相互衔接的机制。户籍改革的探索需要从一个城市内部扩展到区域，在类似长三角地区、珠三角和京津冀地区等区域性移民比较活跃的地区，应该以大城市户籍改革为动力推动区域一体化的探索实践。并在国家层面、区域层面和大都市区层面户籍改革的整体联动中，推动中国户籍改革的完成。在此过程中，应该及时总结不同地区在户籍制度综合配套改革的成功经验，并在其他地区结合不同地区的特点进行扩散性的制度创新。

总之，在城乡之间、地区之间的福利落差的日益扩大和人口流动性不断增强所构成的矛盾日益尖锐的情况下。在适应人口流动性增强和城市化推进的发展背景下，户籍制度作为二元结构社会的载体性制度的落后性和不适应性逐步突出，需要以户籍制度改革为杠杆，实现城乡制度框架的重构。

这样的改革方略包括上述四个路径，户籍制度过程中这四个路径的改革互为条件，应该同时推进，不可偏废。只有使户籍身份和福利体制逐步脱钩才能在当前城乡二元和区域分割的制度体制下获得户籍改革的空间；使非户籍人口能够逐步增强属地化和均等性的福利和服务才能为推进户籍改革创造条件；通过条件户籍使移民和新市民逐步实现制度接纳和有效融入，才能够分类别、渐进性地推动户籍身份转变；促进构建国家层面、地区之间和都市区域内部的综合配套制度框架是为户籍改革提供制度支持，也是致力于在户籍制度改革后塑造城乡整体性和区域整体性的制度框架。

这四个路径的户籍改革如果缺少了某个路径的改革推进，可能会使户籍改革名存实亡，或者反而起到强化户籍制度的反效果：例如如果城市就业、保障等福利体制和户籍身份的关联维持和强化，城市化和城市发展可能使户籍背后的利益进一步强化而不是减少了，那么地方政府和流入地城市可能会更加倾向于收紧户籍改革的步伐。如果没有对非户籍人口渐进性的福利增进，城市内部的分化差异和结构性鸿沟也会加大，并增大改革的困难。如果没有对城市落户特别是大城市落户的逐步放宽，就难以适应大量人口在城市大量集聚和长期居住的具体需求。如果土地制度、教育制度、社会保障制度、财政制度等配套性制度改革进展缓慢，那么户籍制度必然继续成为固化社会流动性的管理体制。因此要通过这四个路径改革的整体推进，才能真正使户籍改革的轮子运转起来，并使户籍改革逐步从当前制度体制的载体性制度中解脱出来，逐步回归登记证制度的本来含义。

户籍制度改革的过程，也就是中国从城乡二元体制，以及在地方分权以后形成的地区分割的公共管理体制逐步实现一体化的过程。户籍改革是中国城市化和国家发展过程中水到渠成的制度改革，但也是绕不开的制度改革。国家和地方政府需要用极大的智慧和细致，包括充分保障不同群体的利益，满足不同群体的需求，才能以户籍制度改革为杠杆，使中国社会结构向现代社会转型的制度建设得以成形，也使我国城市化发展和区域整体发展得到良好地实现，并使中国真正成为内在制度体系建设完善的现代国家。

七、缩小收入差距应消除制度壁垒

改革开放以来我国居民的收入差距不断扩大。收入差距扩大有两个原因：一是在经济生产过程中，不同社会群体和不同经济部门的发展机会是不平衡的，这也就是我们所讲的第一次分配中的不平等。例如国有部门和民间部门具有不同的发展机会，社会的不同群体例如本地人和外来人存在发展机会的不平等。二是第二次分配的不平等，指整个社会的财富在不同的社会群体之间，在不同的地区之间，在不同的人群之间再分配的不平等性以及失衡性进一步强化了收入差距。无论是第一次分配还是第二次分配，对于我国贫富分化的扩大都具有严重影响，加剧、加深了整个社会分配的不平等性。

贫富差距到了一个什么程度就成为社会容忍的红线，可能只是一个经验判断而不是科学判断。我们通常说基尼系数到了0.4是社会的警戒线，并且拿拉美国家的例子来作为我们的警惕。实际上不同国家的具体国情并不一样，并不一定就存在着那么一条貌似科学的红线。例如印度的贫富差距比我国还要大，但不妨碍印度成为正在成长中的新兴大国。作为社会容忍底线的贫富差距，可能会随着不同国家的国情、历史发展、不同的文化、不同的体制而有所不同。对于中国这样一个具有很强的社会主义因素、农民传统因素的国家，对社会公平的需求我觉得应该是更强烈的。

事实上，社会真正难以容忍的还不是贫富差距本身，真正的难以容忍的是造成贫富差距的不公正的制度原因。比如垄断性企业的过高收入、国有企业依靠国有金融优势涉足房地产造成经济暴利以及资源分配的不合理，腐败和灰色收入，等等。这些利用权力不恰当地干预市场经济，带来收入差距扩大，可能是导致社会不能容忍的根源。贫富差距本身并不一定会带来社会不能容忍，因为基于诚实劳动和公平市场的贫富差距本身是合理的。这也提醒我们，在进行社会治理时，我们并不能就贫富差距本身来解决贫富差距问题，而应该考虑怎么样解决造成社会差距扩大的一些不公正的制度原因。我们现在对治理贫富差距扩大的问题，很大程度上是依赖政府，重视加强社会保障、完善低保、推动社会服务均等化等等。这些途径是重要的，但可能并不足够。而且这些措施和手段可能进一步强化了政府的作用，并带来政府进一步加强税收、金融等经济工具的运用。在治理贫富收入差距的时候，需要明白政府的合理决策在哪里，即政府应该在哪些地方退出，政府应该在哪些地方更加加强自身作用。合理的政府职能转变是解决贫富差距的根本办法。

社会所不能容忍的并不在于贫富差距本身，而是贫穷的社会群体不能有机会成为富人。社会底层的人口不能通过社会流动实现向上流动，这样一种断裂是社会不能容忍的贫穷的固化，是社会转型的巨大障碍。贫穷本身并不可怕，贫穷被阶层性地固化下来、被代际性地转移下去才会产生问题。印度有一个电影叫《贫民窟的百万富翁》，宣示了一种穷人的梦想。如果贫穷的阶层不能实现这种向上流动的梦想，那么社会压力就会在社会底层集聚。我们也发现，一个流动性强的社会，容忍度就会高一点；流动性比较弱的社会，容忍度就会比较低一点。也就是说，社会不能容忍的关键并不是贫富差距，而是社会缺乏流动性。因此，我们需要反思，我们是不是有非常多的制度障碍妨碍社会底层的人口向上发展，妨碍农村人口向城市化方向发展，并应该致力于破除这种障碍。西方社会在现代化过程中出现了一个庞大的中产阶级，而我国的贫富分化是与整个社会结构不断拉长相联系的，富裕群体非常富裕，但比重很小；又有庞大的贫穷的人口，但没有一个庞大的中产阶级，所谓 M 型社会更是无从谈起。在这种日益拉长的社会结构当中，社会底层难以通过合理的渠道成为中产阶级，或者只有很少的人口能够成为中产阶级，这样一种流动性障碍是造成社会容忍度低的真实问题。

贫富差距本身并不是社会不能容忍的所在，还有一个真实的问题是穷人感受到的被剥夺感。举一个例子来说，城管和摊贩矛盾的实质，是流动摊贩和城市部门对城市空间使用权利的矛盾，对摊贩的堵可能会强化社会矛盾，另一个思路是如何能够保障流动摊贩在城市中获得平等的发展机会。社会发展的过程是利益结构不断调整的过程，科学的发展需要保证发展的成果被社会群体所共享，以及保障社会不同群体的合法权益不受侵害。贫富差距扩大本身也是社会弱势群体的权利和利益不能得到有效保障的结果。同时，当社会弱势群体觉得在发展中不能获得公平的机会，觉得在发展中被制度体系所排斥，或者他们不能获得必要的合法利益、公共服务和社会福利机会，这样一种被剥夺感是社会冲突的来源。

因此收入差距扩大所带来的问题只有通过一个更加公平的社会、更加流动性的社会和更加包容性的社会才能改变。只有继续推动改革，消除造成收入差距的制度因素，在推动社会的流动性中建设和谐社会，才能有助于实现更加公平、健康和稳定的国家发展。

八、制度建设与社会平等

在社会转型期我国社会不平等程度有明显的扩大，一系列的指标说明：当前我国的贫富差距、城乡差距、行业差距、部门差距都到了比较严重的程度；社会不同群体间的收入差距扩大，社会群体间在包括健康、教育、保障等各项公共服务的不平等性日益扩大，例如本地居民和外来流动人口在公共服务和社会福利上存在显著的差别；空间的不平等也在扩大；代际间的不平等也开始出现，等等。我国社会转型过程中不平等的扩大，对经济稳定持续发展、对社会稳定和社会团结，以及对国家发展坚持公平正义的价值理念都带来巨大挑战和压力。

相当多的讨论将不平等问题归咎于市场、归咎于自由竞争，将公平正义和市场体制对立起来，认为不平等是市场失灵的表现，市场机制会破坏公平正义。从而认为市场本身具有恶的性质，是缺乏道德的。

实际上，市场本身只是资源配置的内在机制。市场机制是一种生产机制和生产原则，也是一种分配机制和分配原则。坚持平等交换、强调资源配置的效率，市场通过自发有序使资源配置实现最优。市场机制下不平等性的扩大不是市场机制的问题，而是市场机制所赖以运行的制度体系出了问题。我们可以打一个比方，市场是在一定的制度框架下运行的，制度安排是红绿灯，而市场是城市的交通网络。如果制度系统出现了偏差，那么城市交通有的地方出现交通拥挤，有的地方则出现道路利用不足。这个时候我们不能说是车辆太多了，或者说道路建设出了问题，而是作为交通管理系统的制度体系出了问题。

制度体系构成市场经济有效运行的框架和规则体系。应该承认，改革开放以来的一些制度改革对促进社会公平，维护公平正义发挥着积极作用，但也不容否认，在社会转型时期，当前我国的一些制度安排对社会平等竞争、公平发展也存在不利影响，并扭曲了市场运行，扩大了社会不平等。影响社会不平等的制度安排主要有三类：

第一类是不利于弱者的制度安排。例如我们的社会保障制度，城镇60岁以上老年人口的社会保障的覆盖率达到80%，农村新农保才20%左右；劳动年龄人口社会保障的参保率，城镇户口大约覆盖了75%，农民工才20%，农村人口新农保的覆盖率才15%左右。而且城镇职工和城镇居民的社会保障标准还远高于农村居民的新农保。农村居民的收入本身就低，这样的社会保障体系是一种典型的不利于弱者的社会保障体制。另外，我们观察到：在城市化过程中的

利益分配和利益补偿中，失去土地的农民、拆迁居民和农户的权益保护都是存在不足的。在社会转型过程中，存在的一系列不利于弱者的制度安排，造成社会分化和差距扩大化的结果。

第二类是强者垄断的制度安排。我们比较多见的是，资本的垄断弱化竞争，从而扩大不平等。在当前的中国发展模式中，政府力量较多地直接参与经济和社会事务，也容易形成政府主导的垄断。国家权力直接进入市场体系造成不公平的竞争，例如国有企业和民办企业存在不平等的竞争，扩大了经济发展的不平等；国家权力直接进入社会发展领域造成对社会力量的挤压，例如政府主办的事业单位和民间非政府组织之间存在不公平的制度安排，也会扩大社会领域的不平等。强者垄断的制度安排往往是“强者通吃”的负福利的体制。例如为了要吸引人才，我们对高收入群体的收入进行所得税的补贴，这本质上是公众通过纳税为富人付费，是一种负福利的体制。在一个长期等级体制的制度环境下，社会等级越高，其社会福利和社会待遇越高，进一步拉大了社会差距。强者垄断的安排还不仅仅是强者具有更好的社会福利，甚至是强者与弱者争利。例如经济适用房，政府机关人员首先获得经济适用房，而真正的贫困人口在住房保障中却存在这样那样的限制性规定，都说明强者垄断不仅本身是不平等的制度安排，甚至存在弱肉强食扩大社会不平等的问题。

第三类是限制流动性的制度安排。社会转型本身是社会流动性扩大和突破传统社会结构的过程，例如20世纪80年代实行城市暂住证制度本身是对城乡二元结构的一个突破性的制度改革。但是近年来社会发展出现减缓的一个表现是，社会流动性减弱，这造成社会结构固化和社会不平等扩大化。例如当前社会中出现贫二代、农二代、富二代、官二代的情况，这种社会结构的固化，成为非常值得担忧的社会问题。流动人口进入城市发生了向上流动，但是他们在城市中却难以结构性地纳入城市体系，难以继续向上流动，形成新二元结构。教育不平等是限制流动性的另一项重要制度，并进一步扩大社会不平等。我们发现大学中的农民子女越来越少，越是重点大学，农村家庭子女比重越少，这也折射出社会结构的固化。各种择校费的安排、在学区房附近的地价差别、城乡之间教育配置的差别、不同地区招生指标的差别，都是教育制度不公的表现，而作为社会流动的核心机制，教育制度的不平等进一步扩大了社会的不平等。

各种不利于弱者的制度安排、强者垄断的制度安排，以及限制流动性的制度安排，是造成各种不平等现象的内在根源。这些制度安排存在的问题，不是改革本身的结果，而恰恰说明社会主义市场经济的体制改革相对滞后，要通过继续深化制度改革和制度建设，才能够为市场的运行创造一个更加有利于平等的制度环境，并有效解决不平等问题。这样市场体制才能够成为一个良好的社会主义市场经济体制，并成为一个有利于公平和平等的社会主义市场经济体制。与上文相应，要推动有利于社会平等的制度建设，也应该从三个方面入手：

（1）要加强保护弱者的制度安排。正如罗尔斯提出社会公正的一项基本原则是保护和提高社会弱势群体的利益。通过加强社会救助，保障贫困人口，增强对社会弱势群体的保护，使改革的成果更多地为社会弱势群体分享，这样做，有利于社会平等的制度建设。而在公共政策的制度建设过程中，社会弱势群体往往缺乏话语权，所以他们的利益诉求往往难以进入政策议程。因此在制度建设和公共政策制定过程中，就尤其要重视倾听社会弱者的声音，征求他们的意见。另外，应该重视促进弱势群体的自我组织，通过加强其组织化促进其参与公共政策的能力。社会弱势群体的利益诉求如果不能得到有效保障，往往成为群体性事件和社会冲突的根源。因此，社会冲突比较尖锐的方面，往往正提醒需要注意利益分配是否合理，是否损害了弱势群体的利益。

（2）要改变垄断性的制度安排和促进均等化的制度建设。改变权力的垄断性，以及改变资本的垄断性，才能够更好地发挥市场机制的作用。促进不同所有制企业的公平竞争，有利于激发民间力量和新兴市场力量的竞争力和活力，并有利于新兴中产阶级的成长。改变垄断和等级性的福利体制的另一面，是促进均等化的制度建设，当前应尤其重视促进城乡之间、区域之间和不同人群之间基本公共服务的均等化，推动流动人口的市民化待遇，并加强普惠性和平等性的国民待遇建设。确保社会转型中公共财产分配的公共性，也就是要进行合理的“分蛋糕”，促进发展的公共成果由社会共享。

（3）要实施开放流动性的制度安排。一种说法是认为国家发展面临的结构性不平等扩大是经济增长内生性的结果，并将随着经济继续发展而得到克服。这一理论观点的前提是存在一个充分流动性的市场体系和社会体系。而如果要素的流动性、人的社会流动性存在壁垒，存在制度性的限制，那么经济增长就难以消除结构性问题，甚至结构性问题会固化和扩大。例如，城乡不平等相当大程度上是由于城乡二元结构的制度因素造成的，城乡壁垒固化了城乡利益差别，并弱化社会流动，在流动人口流向城市以后形成城市内部的新二元结构；地区之间不平等在相当大程度上是劳动力市场的地区分割和地方化的财政体制造成的；不同社会群体间的不平等也相当程度地受到职业流动的限制，等等。对于社会平等的建设，包括发展起点的平等、发展过程的平等和发展结果的公平，其中至关重要的是在发展过程中应具有平等机会、平等竞争。因此，对于实现社会平等来说，要重视破除各种限制流动性的制度安排，破除城乡壁垒、地区壁垒和社会流动的壁垒，使整个社会体系对内开放，实现更加平等包容的社会发展，只有这样，才能真正扭转不平等扩大化的态势，逐步实现社会平等和社会公正。在促进社会流动性的制度建设中，尤其应该重视教育制度建设，教育是实现社会流动至关重要的因素。因此促进教育公平，是实现更加平等的社会发展的基础性制度。

在以社会平等为目标的制度建设的过程中，政府具有责无旁贷的责任。政府作为公共权力主体，是公共利益的代表者、协调者和维护者，政府职能的公共性，以及政府在制度建设中的主体地位，要求社会转型期的政府应该把追求社会公正和社会平等作为自身行动的基本准则和基本追求，应通过不断的制度改革和制度建设来逐步实现社会平等。

政府对于促进社会平等的制度建设具有关键作用，但制度建设并不应视作是政府单方面的责任。实践已经证明，过分依赖政府的制度建设甚至可能会造成社会不平等的扩大。

其原因可能在于政府的制度建设和政府决策不可避免会是一个有偏的过程。政府通过制定相关的法律法规、制定有关的政策和规则，确定政府工作议程推进国家管理，这一过程本身是利益的分配过程和利益的协调过程。部分社会强势群体由于具有更强的话语权，或者通过向政府游说等方式，其利益能够较好地得到保护，包括在法律体制和制度安排中得到体现。同时，也有部分社会群体缺乏利益表达，因此在制度建设和政府决策中难以维护自身利益。这种利益格局的差别甚至还可能在法律上被固定下来。那么政府的有偏的制度建设，可能会转变为制度壁垒。因此单纯把社会平等的责任寄托于政府，并非是完全充分的，我们需要探究公共政策和制度建设的制定过程是否基于社会民主和公共决策。从这个意义上说，制度建设的不平等更主要是社会参与的不平等，需要保证不同社会群体在制度建设和公共政策过程中具有民主的参与和公共的决策。

政府的制度和决策可能存在偏向性的另一个原因在于，政府本身也有可能形成自身的利益。政府本身作为权力集团利益化，并有可能使制度建设成为维护自身利益的工具。国有企业的垄断性地位和制度特权是一个典型的例子，政府直接干预市场和管理社会，往往挤压其他经济主体和社会主体，形成不公平竞争的局面。政府如果同时是管理者，又是市场和社会的参与者，并同时作为经济和社会运行的仲裁者和监督者，这种情况下就难以保证政府制度建设的公共性和公正性。

因此通过制度建设促进社会平等，除了需要发挥政府的作用，也需要重视发挥社会力量的作用。通过社会力量的参与来表达不同利益群体的需求，以及保护不同利益群体的合法权利，这样才有利于协调社会利益的冲突，并实现统一的共同利益。只有通过促进社会力量的有效组织，才能够增强社会群体社会参与的能力，实现更加有利于社会平等的公共决策。同时，通过社会力量来监督政府和市场的运作，也能够确保政府和市场的运行不会偏离公正和平等的目标。

在社会转型时期，改革和转型所带来的利益调整和利益分配尤其剧烈。制度因素是造成社会不平等的重要原因，也只能通过不断的制度改革和制度建设才能缓解和解决不平等问题，并推动国家的社会稳定、结构优化，并实现更加公正、更加平等的发展。

九、社会有效运行和激发社会活力

社会建设的重要任务在于建立完善和有秩序的社会运行体系，实现社会有效运行。同时，充分发挥日益成长的社会力量的作用，激发社会的活力。

发挥社会力量的作用，需要建设一个自觉的社会。社会首先需要有效地组织化和形成一个有序运行的社会，才能更好地发挥作用。社会一盘散沙，则难以发挥作用，也往往成为民粹主义成长的土壤。社会缺乏有序组织化，也难以充分表达社会群体的利益需求。社会不能有序运行，则难以形成制度化的机制。因此，积极支持社会力量有效组织起来和发挥作用，形成一个自觉的社会和有为社会，是调动和激发社会力量的前提。这就需要支持社会的有效自我组织、自我管理，发展专业性的社会工作，推动志愿者和组织化的社会行动。在这个过程中的制度建设，通过两个方面对社会有序运行发挥作用，一是形成社会组织化和社会运行的规则；二是通过为社会发展创造良好的制度环境，减少限制和约束社会发展的有关规定，从而为社会的成长壮大和发挥作用提供支持。

发挥社会力量的作用，需要创造一个能动的社会，增强

社会发展的流动性和创造性。促进社会的流动性有助于激发社会发展的活力。改革以来中国经济的奇迹正在于推动了社会的流动性，将大量农村剩余劳动力从土地的束缚中解放出来，创造更加流动性的城乡发展，推动了中国城市化和财富创造。因此进一步推动人口的流动性，减少影响流动性的城乡壁垒、阶层壁垒，避免社会阶层的封闭化，将有利于更好地发挥社会力量的创新作用。影响社会流动性的原因一方面是制度壁垒和制度歧视，例如户籍制度，例如就业资格的限制，另外的原因则根源于教育机会和发展机会的不均等，因此带来了贫困的循环、农民工地位的循环，带来了社会流动的阻碍。创造一个能动的社会应努力增强人力资本投资，鼓励创新，实现有活力的社会生活，才能更好地发挥社会力量的作用。较多的研究也证明人力资本投资有助于增强人口社会流动的能力，同时在另一个方面，当个人有对自身未来发展的预期，他们也更加愿意增强自身的人力资本积累，从而形成一个积极的发展循环。从历史上看，对社会流动的限制往往带来激烈的社会冲突，而一个更加流动性和能动性的社会，推动了社会结构向上转型，并在这种社会结构变化中创造新的产业机会和发展机会。以工农为主的社会力量向城市化和新兴中产阶级为主的社会结构转变过程中，将释放出庞大的社会力量，推动经济发展和社会进步。

发挥社会力量的作用，需要建设一个协同的社会。社会建设要求使日益增长的社会力量成为国家建设的组成部分和推动力量，要求社会力量能够有效进入国家治理结构，形成社会和国家的协同治理与双轮驱动的格局。多数研究已经表明，中国的国家和社会关系，不是像西方是作为国家力量的反对者和反抗者，而更加是国家的辅助性和伙伴性的力量。国家力量和社会力量是一种共同成长、共同合作的关系。因此发挥社会的力量要求将正在形成的社会机制和国家体制有效相结合，如果国家建设不能有效包容社会，使社会力量和国家发展相脱离，甚至成为国家公共权力背道而驰的力量，这样反而带来弱化国家治理的能力。

我国长期以来的国家发展模式是政府主导的发展模式，政府力量较强具有一定的优势，但是政府过度干预经济和社会生活则表现出显著的弱点，可能带来资源配置的低效率和扭曲，挤压社会力量成长的积极性和创新精神，损害社会群众的利益。

因此，推进社会建设要特别重视发挥社会的力量，需要将社会力量有效整合进入国家体制，并因此为市场经济发展提供创新动力，保证市场经济发展的公共利益方向；同时对国家公共权力的运行提供有效授权和有效监督，避免官僚集团的腐败，并因此保证国家发展实现人民利益提高的根本目标。从这个意义上看，发挥社会力量因此成为社会建设推动改革发展的关键着力点，形成推动国家发展模式不断完善的推动力。

十、在新兴社会空间中加强和创新社会管理

关于加强和创新社会管理已经有不少不同层面的理解和解读。我们已经看到，改革开放以来出现了新的社会空间，而传统的社会管理方式难以满足对新兴社会空间和社会生活的管理要求，难以支撑和引导新的社会运行，因此在具体实践中，我们尤其需要适应新兴社会空间的成长和适应相关社会领域的发展。在新兴社会空间成长的地方，加强和创新社会管理和服务。

创新社会管理需要加强对基层社区的社会管理和服务。单位制解体以后，基层社区成为社会管理的最基本的单元。社区是人们生活的基本场域，也是各类社会群体包括老年人口、家庭妇女、失业青年、流动人口的基本生活空间。同时随着人口老龄化和家庭小型化以后，家庭对社会生活的支撑能力弱化，也更加需要通过加强基层社区的社会功能维持一

个稳定发展的社会。因此，通过加强基层社会管理和服务体系建设，能够为家庭和社区生活提供最直接和有效的支持。传统的由上到下通过行政命令方式的区、街道、居委会体制，难以适应快速成长的基层社区管理，社区管理更加需要通过整合社区层面上的资源，调动社区内不同单位、社会组织和居民的共同合力，实现社区管理和服务的提高，直接满足基层社区居民的生活需要。因此，社区管理和服务的创新不仅是社区组织的发展和社区活力的激发，同时也是在基层社区中形成由下到上组织和发育社会生活的机制。在这样的由下到上，而非传统行政管理的由上到下的过程中，才能够更好地发挥人民群众参与社会管理的主体性作用。

创新社会管理需要加强在城市空间发展演化过程中的社会管理。城市空间演化往往是造成社会矛盾和社会冲突的直接原因，也是造成社会稳定和社会安全的问题所在。功能再造带来空间演化，空间演化带来结构调整，因此以前的管理体制难以适应空间形态的变化和空间活动的变化，并因此造成社会管理的缺位或者社会管理的困境。例如我国正在经历快速的城市化，在城市郊区的城乡结合部地区的流动人口集聚、城乡土地制度、公共服务和基础设施建设不足、公共安全问题突出等等都表现得更加明显，这些也都说明在这些新兴城市空间中，社会管理相对滞后。因此，要适应城市化过程，尤其需要探索促进流动人口、特殊人群更好地有序融入城市的管理和服务体制。强化公共安全管理，完善立体化的社会治安防控体系，以及推动城乡一体化的基层管理体制改革适应城市化发展的具体需要。在上海周边一些地区，开展了“镇管社区”的改革，这些改革探索，对于完善城市化过程中的社会管理体制有着积极的意义。

创新社会管理需要规范和引导网络社会管理的作用。网络社会空间的爆炸性的增长是信息化社会以后出现的新现象，出现了网络论坛、微博、博客和各种网络社交工具等，加强网络信息管理和提高对虚拟社会的管理水平，对于引导社会舆论、澄清社会舆论、整合社会心态、避免社会风险非常重要。不良的网络管理容易形成管理部门和群众对抗的局面，也容易极大地扩大社会矛盾和冲突。在另一个方面，网络提供了加强和创新社会管理的新途径和新机制，通过网络发展促进了社会参与、加强了社会监督、促进了共同解决社会热点问题、促进了反对腐败、促进了政府改革，通过网络组织也有利于促进积极的社会公益行动。网络作为一个新兴社会空间，具有双刃剑的作用。既然网络社会出现以后，对传统的非单向信息管控的社会已经回不去了，因此对于网络社会管理，需要的不是加以拦堵，而是需要规范引导。需要积极加强和规范网络社会的发展，并引导网络社会的自我约束和自我管理。通过积极加强对虚拟社会的管理水平，创造更加健康、积极的网络社会。使网络社会发展成为社会成长发育的重要组成部分，通过积极的网络社会推动社会建设和国家进步。

创新社会管理需要积极探索和参与全球社会管理。当前中国的全球治理主要还是重视全球经济治理，重视对世界经贸体系的参与和构建，随着民间交往、社会文化交流、全球公共事务的不断深化，需要中国作为成长的大国进一步加强对全球社会事务的参与，及增强对全球社会管理参与的意识和能力。在传统的国际关系中，我国比较重视利用国家政府

间的力量，推动全球社会管理需要进一步利用社会力量和民间力量，通过民间企业、社会公众、社会组织的更密切交流，处理公共事务，并构造全球共同利益。以民间外交和公共外交为主体的全球社会管理，能够成为政府外交的有益补充和有益支持。在全球化不断深入的背景下，同时推动了全球公民社会的兴起，全球社会力量开始更大地发挥作用应对日益变化的全球性问题，并推动各国政府在全球化过程中调整自身目标定位和国际合作。一些重要的非政府国际组织，已经在世界经济、政治、社会和环境可持续性公共领域发挥越来越重要的作用。这也要求我国在全球化过程中，一方面要积极和全球社会组织合作，另一方面也需要积极参与和组建国际社会组织，逐步扩展对全球社会治理的作用。应该认识到我国的全球社会治理还处于非常薄弱的水平，在对国际组织的参与合作等领域还比较谨慎，人才培养和能力建设也相对薄弱。只有国家的社会建设需要更好适应全球化的时代，才能更好地支撑中国的国家崛起和在世界舞台上有更丰富的手段、机制发挥作用。

十一、深化国家建设和发挥社会力量的作用

改革开放以来的中国发展道路，是利用国家的力量创造出了市场体制，构建了社会主义市场经济。在这个过程中，出现了新的社会主体、新的社会空间，国家之外的社会力量得到了发育和成长。政府不再是垄断所有资源的唯一主体，企业作为自主经营的市场主体，拥有了独立的法人财产权和投资主体收益权。在国有经济以外，也出现了非国有的资源积累和资本利益，集体合作、个体私营包括海外个人和海外企业的经济资本也得到承认和重视。随着单位制的解体，个人从计划经济体制下的单位中解放了出来，在农村中的个人则逐步摆脱人民公社体制的束缚，通过联产承包制度获得个体经营利益和个体土地使用，以及成为自由流动的劳动者。在这个过程中，社会主体个体化，并在个体化的社会生活中重新构造社会生活。同时，随着单位福利体制的解体，社会事务和社会需求得到发展，例如住房体制从单位福利住房体制转向商品房供给，社会劳动者的入学、就医、就业、社区

等各种社会事务需求都逐步扩展。社会主体力量的发育和社会事务需求的扩展共同推动社会组织化，有的社会组织是从传统国家政府部门中脱离出来并由政府主导的非政府组织，有的是从市场经济运行中，从社会生活、草根中逐步成长起来。单位制、人民公社，以及户籍等个体的束缚性逐步被解放，社会成员的社会流动、社会交往和社会参与日益增强，社区发展得到深化，社会交往空间扩大，特别是随着网络技术的发展应用带来交往革命，使社会关系、社会空间呈现膨胀性地扩展。

因此，改革开放前后的一个重要区别，是出现了一个在国家公共权力笼罩之外的成长着的社会力量，它的组成包括民间经济、从单位体制中被挤压出来的社会个人，也包括各种草根性的社会团体和社会机制。这些不断壮大的社会力量应该有效组织运行，从而对国家发展发挥更大的作用；同时将社会力量整合到国家治理体制中去，我们的国家建设才能适应社会力量的成长，才能完成改革以后的社会转型，完成建设一个现代国家治理体系的发展任务。相反，社会力量如果不能有效整合到国家制度体制中，则可能成为对国家发展的阻碍性，甚至成为反对性的力量。到目前为止，正在成长的社会力量还相当程度上处于一个散乱的状态，亟待通过良好的体制建设和治理格局构建，被有效地整合进入国家治理体制。目前，社会力量还主要是国家公共管理的对象，还不是国家建设的有序力量。社会力量如何有效组织起来并纳入国家制度体系，构成我国当前国家建设的内在要求和重要内容。在这个意义上，我国未来发展的基本任务，是在改革开放以来财富积累了以后，一方面继续重视生产力水平的进一步提高，另一方面更加重视深化国家建设，尤其需要整合国家公共权力和社会力量，实现良好的国家治理格局。

社会建设构成当前时期深化国家建设的重要内容；同时，需要通过国家建设的开展和深化，才能积极地推动社会建设的发展。推动国家建设和发挥社会力量的作用，就是国家认识到社会力量的作用、发挥社会力量的作用并将其妥善地纳入国家建设的整体过程。这就需要在社会建设的制度环境中，通过政治体制改革推动政府职能转变，创造形成法治体系和保障性环境，为社会力量发挥作用建构一个支撑性的制度环境。同时在社会发展的内部机制中，通过建立有效机制，促进社会力量有效组织和有效运行。

深化国家建设和充分发挥社会力量的作用，要求我国的社会建设是在政党有力、国家有效的框架下进行。政党有力，是通过党的领导作用，促进社会力量和国家力量的良好合作和共同作用；国家有效，指国家发展需要通过保障社会媒体、社会团体、社会活动的自由权利，为社会力量的成长提供宽松的环境，为公民自由和社会参与公共治理提供法律保障，并增强社会事务和社会运行的立法，使政府职能、社会有效发挥作用，在良好法治框架下得到运行和推进。

通过推进社会建设来不断深化国家建设，需要建设有效组织和良好运行的社会体制。这就要求通过社会组织化，使分散的社会主体成为具有结构性的社会力量，并因此使社会成为成熟的国家治理的组成部分。社会只有通过自身的组织化才能更好地整合自身利益和维护自身利益，也才能积极参与国家建设和发展的公共管理。从另一个角度看，社会组织化程度提高，本身也有利于国家对社会力量实施有效的管理和合作，更好地实现国家和社会的协同治理、双轮驱动。

只有在上述内外两个层面的建设过程中，才能够支撑我国的社会建设得到良好推进，并促进体制化的社会力量和国家治理体制形成有效衔接，从而实现社会与国家的互动和协同。在我国国家建设过程中，正逐步形成国家和社会的双轮驱动。这和西方“国家治理”模型下的国家和社会的关系有一定的不同。从西方市民社会发展的历史来看，社会力量本身是随着对封建体制的反对而出现的，这也使社会力量从一开始就是对国家力量的反对者和突破者，这是西方国家理论的出发点。那么，从历史发生学的角度看中国的社会成长，在其发展模式中，中国的社会不是作为国家力量的反对者与反抗者，而是有可能作为一个辅助的力量、伙伴的力量。西方意义上的国家治理理论所提倡的国家、社会与市场中的社会，是一个狭义的社会。狭义的社会具有自身的组织化和运行机制。我们现在所说的中国社会，则是一个广义的社会，指的是区别于国家公共权力的经济与社会力量的总和，即包括民间的经济和组织。在中国国家治理中的国家和社会关系，也更主要是一种国家力量与社会力量的共同成长，是一种共同合作的、共生的关系。

因此，源于中国特色社会主义道路的历史逻辑和具体实践，通过社会建设来支撑中国的社会力量的成长，支撑社会力量有效发展发挥作用，形成国家和社会“双轮驱动”，是适应中国独特发展历史的发展模式，也是从中国特色社会主义具体实践中成长出来的模式，并能够为未来创造出一个国家和社会良好互动的格局。这样的良好互动的格局在于，国家体制可以支撑社会力量发挥作用，而社会力量被国家建设到国家体制之中共生性地发挥作用。国家通过法制建设、政治建设，为社会力量发挥作用创造外在的条件；同时，社会力量的不断成长则也反映出人民群众的利益诉求和创造力，并推动国家建设的自我提升、自我完善，指明国家建设发挥作用的方向，使改革能够充分满足人民的利益，并通过人民民主的力量为国家发展提供动力。

十二、加强政府公共服务职能建设

经济改革初期的核心问题是物质资料的贫乏，因此，如何提高生产力以增加经济财富，构成20世纪70年代以来国家发展的基本路线。本世纪以来，过低的生产力所带来的普遍贫困问题，也就是解决温饱的问题，已经基本得到解决，国家发展面临的核心问题则转变成为人民群众对于公共服务的需求不断增加，而公共物品的供给能力却显得相对薄弱，这强化了在经济改革深化的时期加强社会建设的必要性。

加强社会建设首先要求政府职能转型。从单纯重视经济建设为中心的国家发展，到更加重视社会建设和民生福利的整体发展，要求政府逐步改变过度地干预、引导经济市场的职能，要求转变不断追求GDP的政绩冲动，从而使政府从经济建设导向的政府，转变成为公共服务的供给者和设计者，转变成为公共利益的维护者和代表者。推动社会建设需要强化政府公共服务的职能建设，虽然公共服务的供给并不单纯是政府的责任，我们强调社会建设的发展也需要调动各种社会力量和社会部门的作用，加强对公共服务和公共物品的提供，以及强调政府通过对公共服务的竞争性的供给，来提高公共服务的效率，满足人民群众的需求。毋庸置疑，强化政府的公共服务职能建设，仍然是推进社会建设的前提，是推进国家社会建设最为基础、最为重要的方面。当前，党和国家提出要建设责任政府、服务政府和创新政府，其中的服务政府的重要内容就在于要强化政府公共服务的基本职能。责任政府的内容包括政府应该将公共服务提供和管理作为基本责任，同时政府的公共服务供给体制也需要不断加以创新。

组织和提供公共服务是现代政府的基本职能，要求政府以社会和公共利益为本位，公共利益高于政府自身利益，政府的基本理念是为人民服务，同时接受人民的监督；要求政府确立自身的基本职能在于经济调节、市场监管、社会管理和公共服务，尤其需要重视公共产品和公共服务的供给。借鉴世界其他国家建设服务型政府的经验，我国的社会建设和建设有中国特色的公共服务型政府需要重视以下几个方面：

第一，社会性公共服务供给的增长应与社会经济发展

阶段相适应。

从发达国家建设的经验来看，政府职能从以经济性公共服务为主，逐步扩展到以社会性公共服务为主的阶段。对于社会性公共服务建设，西方发达国家普遍经历了物质财富普遍匮乏和最低限度的公共服务供给阶段，然后是物质财富快速增长但公共服务供给水平相对提高不快的阶段。二战以后，进入社会经济成熟期的西方国家才逐渐能够把相对丰裕的公共服务更均衡地分配到社会各个领域，形成政府财政支出中社会性公共服务占据主体的基本格局。比如，当前美国政府每年用于社会保障、医疗保险与补助等社会性公共服务支出占政府预算支出的比重超过一半，而经济建设费用只占5%左右。

经过近30年的改革开放，我国的贫困问题已经得到很大缓解，中国现在已经摆脱了“短缺经济”时代，这主要是私人产品的市场性短缺已经得到缓解，然而公共服务领域的供给和分配相对滞后于经济发展的问题却日益突出地表现出来。中国发展的基本矛盾已经从落后的生产力和居民生活需求的矛盾转变到经济快速增长而社会性公共服务增长速度缓慢，公共服务需求的快速增长与公共服务供给不足、分配不均衡的矛盾。对此可以充分借鉴拉美国家发展公共服务的教训，以及西方现代国家社会性公共服务的经验，特别重视加强对社会性公共服务的供给。

第二，政府应该把公共服务和公共利益作为行政伦理。

公共性、公共精神是公共行政的本质特征和现实表现形式，它体现了公民权利、社会公正、公共利益和社会责任等多元价值。政府的公共服务理念是和古希腊时代的政治精神内在相连的。20世纪末美国学者提出的新公共服务理论将新公共管理理论从对民主价值的背离中重新拉回到民主行政的轨道上来，重新强调了以公共服务和公共利益的提高作为政府行为价值观念的行政伦理。政府在获得公民政治和经济支持的同时，必须按契约提供令公民满意的服务。这种公民本位的思想深入人心，西方公务人员在为公共服务意识方面具有很强的自觉性，政府的管理和决策也相对能够实现民意表达、民主参与和民主决策，对政府管理也有制度化的体系实现民主监督。

西方公共服务“公民本位”的价值观与中国政府一直倡导的“全心全意为人民服务”的行政理念是非常契合的，也是真正体现了权为民所用、利为民所谋、立党为公和执政为民。但由于各种原因，中国各级政府的现实做法距离理想中的服务理念还有很大一段距离。中国的政府管理模式形成于计划经济体制之下，虽然经过多年改革，但政府作为管制者的角色定位还没有得到实质性改变，政府运作由上到下的命令和控制型的工作方式仍难以得到根本的改变，长期封建意识下的“官民关系”也渗透腐蚀了行政管理体制，政府自身也有内在的官僚主义和惰性化的趋势，真正实现为人民服务的行政伦理和行政体制改革，还需要一系列的制度建设作为保证。

第三，政府在提供公共服务供给中具有首要责任。

公共服务的本质是为国家和地区的发展提供私人物品之外的必要公共产品和服务，是政府应该承担的基本责任，公共服务本身是对政府公共管理的探索和实践。无论在中国还是西方，这一点概莫能外，即现代政府都把以“政府责任”

名义提供各种涉及人民根本利益的公共服务放在核心地位，明确界定各级政府在公共服务中的责任。福利国家体制当然不用说了，就是从上世纪末以来的福利国家体制的改革，事实上也并没有削弱政府对公共服务的投入和重要性的提倡。政府对各项社会性公共服务的投入比例基本都达到一半以上。西方国家对公共服务领域引入市场机制，并不意味着政府责任的弱化，而是对政府公共服务投入方式的合理定位。在西方公共服务供给多元化的格局下，政府仍然是最后责任人。另外，只有具备比较完善的政府公共管理体制，才具有提供优质高效公共服务的能力。如果一国政府作用本身还很薄弱，公共服务的质量势必会大打折扣，拉美和非洲一些国家的公共服务的薄弱充分说明了这一点。

国家公共服务供给的主体不仅包括中央政府，也包括基层政府。不同层级的政府在不同行政区划范围内的公共服务有相应的分工。而且基层政府更了解本辖区居民的公共服务需求，能够更快地对这种需求变动作出快速反应，在财务成本和时间效率方面表现更优异。在西方国家，除了各级地方政府根据人、财、物划分权利和义务外，社区作为社会自治共同体承担了相当一部分公共服务。

第四，注重公共服务在不同地区和不同领域的相对均衡。

在社会经济发展早期阶段，限于政府财力和经验不足，以及由于市场机制本身造成的不平衡性的扩大，公共服务供给在不同地区和领域的分配也往往形成不平衡的扩大。到财力和经验相对充裕之后，政府则有可能对不同地区和领域公共服务投入实现相对均衡化。如今，西方各国普遍高度重视国家运用财税政策协调区域和领域经济发展并上升到法律层面。比如，德国《基本法》明确规定国家财政具有“均衡联邦不同地区经济实力”和“保持生活水平一致”的责任和义务，国家财政应“在力求使各州收入水平和社会福利接近均衡的同时，努力缩小各州之间在公共服务能力和经济发展水平上的差距”。

根据中国城乡、区域之间发展水平差距较大的现实，中国实现公共服务的供给水平的相对均衡化挑战较大。我国实行的是财政分税制，地方政府的财力亦与本地区经济发展水平相对应，地方财政能力的差异造成地方政府的公共服务供给能力的巨大差异。改革开放以来公共服务不平衡性已经日益强化，不平衡问题已经引起中央政府的高度重视。随着我国公共财政能力的逐步增强，中央政府也可以通过多种手段，逐步解决公共服务在不同地区、不同领域内的供给失衡问题。

第五，国家的公共服务模式在不断调整和变化。

世界不同国家的公共服务具有不同的特点，例如美国是以市场机制为基础的公共服务模式、欧洲大陆是以国家福利和社会保险为主体的公共服务，以新加坡为代表的东南亚国家则强调政府行政力量对公共服务供给的直接作用。教育、卫生、老龄、保障等不同的领域，以及同一个模式下的不同国家的公共服务运作都存在显著不同。而且，不同的公共服务模式并非一成不变的固定模式，不同国家在公共服务的具体运作中、在相互学习中不断调整，根据不同时期的具体任务和具体情况也在不断调整，甚至不同的公共服务模式之间的界限正在逐渐模糊。比如英国作为福利国家最早期的代表之一，其公共服务具有欧洲福利国家的典型特征，然而经过20世纪70年代末以来的改革，其模式又具有强烈的盎格鲁-萨克逊民族的市场机制的特点。

不仅西方发达国家对原有较为成熟的公共服务模式进行着持续的结构性调整，其他发展中国家也在不断地探索适合本国国情的公共服务模式。改革开放以后，我国的公共服务供给模式也在不断调整、不断变化，应该根据具体情况、具体问题进行适当地调节，在不断变化中积极寻找适合国情的、具有最大化社会福利和最符合人民利益的公共产品供给和服务模式。

十三、完善社会主义法制和社会建设

构建政府和社会的良好协作关系，以及引导规范社会力量有效发挥作用，需要依靠完善的法制体系。当前我国正处于深刻的社会转型的过程中，社会转型过程带来不同利益群体利益关系的分化，在社会转型过程中的权利利益关系更加复杂。社会群体依靠法律体系保护自身权益的需求也进一步得到增强。因此，不同利益群体的权益如何得到维护、利益群体间关系如何调整，迫切需要依靠法制建设对利益主体的权益和关系进行界定。

我国的社会转型是伴随着从计划经济体制向社会主义市场经济体制的转型，结构性转型带来规范的调整和运行机制的“转型期裂缝”，带来对法制建设的巨大需求。从计划经济的运行机制到社会主义市场经济体制的转变，出现了新的经济和社会运行机制，也表现出原来的国家法制体系和司法体系存在巨大不足。在这种体制的变化中，有些社会经济运行的规则是原来的社会实践从来没有碰到过的，例如资本金融市场的运作，例如城市化过程中农村集体土地流转如何运作，等等，这些新的社会经济活动和运行，都迫切要求完善法制建设。

社会转型同时带来对秩序重建的需求，包括重建经济秩序，重建社会秩序，以及重建国际秩序。完善法制体系是实现社会秩序的工具，法制建设不足，不利于保证社会和谐稳定。对此不仅要完善有关的经济立法，社会建设的推进更加需要推进相关的社会立法，包括劳动法、社会保障法、老年人口权益保护法、妇女儿童权益保护法，等等。从某种意义来看，改革开放以来为适应经济改革，我国在经济立法方面有了很大成就，并保障了经济领域的发展进步。在推动社会建设的过程中，国家法制体系建设需要更加重视社会领域立法的推进。很多社会冲突和社会矛盾正是因为缺乏以法律为准绳，社会冲突和社会矛盾也更加需要依靠法制建设来得到解决。如果法制体系建设不足和司法体系不够完善，社会群体则转而通过行政体系的上访来寻求社会冲突的解决，并因此带来社会秩序的不稳定。

在实现社会转型和建设中国特色社会主义的过程中，社会力量的成长和发展，个人利益和公共利益的维护和保障，社会体系的良好运转都需要加强社会主义法制建设。经过国家多年来持续的努力，目前中国特色社会主义的法律体系已经有了相当大的进步，但是中国特色社会主义的法制体系应该还在建设过程中。从建设社会主义现代化的历史实践来看，我们还处在中国特色社会主义道路的探索过程中，中国的发展道路取得了非常多成功经验，但还没有充分完成，中国法制体系还需要在建设中国特色社会主义进程中不断探索和不断完善。因此，社会转型期对于完善社会主义的法制建设提出了迫切需求。

社会建设的发展进步首先需要继续完善社会主义的法律体系，特别是社会领域的立法保障，同时，也要求依托不断完善的司法体制建设和法制建设来保障社会利益，实现有法必依，实现法律制定和法律执行的社会公平。社会建设的发展需要规范有序的社会运行，并构筑起良好的国家治理格局，社会的成长和运行必须在法制保障下才能得到制度化的支持，社会建设本身也才能有法可依，避免完全的社会自发组织带来社会运行的灰色和黑色地带，也避免社会的成长和运行出现无序状态和缺乏保障的情况。

社会主义法制体系的完善是社会实践自然推动的结果。社会主义法制体系的具体指向，在于实现依法治国，使健全的社会主义法制为社会发展服务，为人民利益服务，坚持维护社会公平正义，并因此能够成为社会主义社会建设的保障力量和推动力量。值得强调的是，法制建设不仅是对社会变迁的滞后的反映，同时也构成社会建设的能动的力量。法制建设本身是积极地塑造经济秩序和社会秩序的过程。因此，在中国特色社会主义的实践过程中，只有不断完善法制建设，强化法治治理，才能有利于加强社会管理和实现和谐社会的发展目标。

在探索中国特色社会主义的道路中，完善社会主义法制建设构成中国发展道路的有机组成部分，并由中国特色社会主义的实践内容所决定。我们也看到，中国法制的制定和实施具有中国特色的特殊性，它受到中国历史文化、受到中国历史上和中国民间法制的具体实践模式的影响。但在认识到这些特殊性的同时，我们更应该认识到社会主义法制的不断完善对于现代国家治理具有一些基本的共通性，认识到完善和加强社会主义法制本身是推动社会建设和建设社会秩序不可缺少的重要力量。

古代中国国家统治第一是不依靠法制的人治秩序（君权秩序），后来发现在现代化和全球化的冲击下，传统君权治理失效了。第二是片面强调道德秩序或者意识形态秩序，也发现存在一定不稳定的方面。第三是片面强调政府权威主义的行政秩序，但权威体制缺少必要的监督也容易产生腐败。因此我们发现在社会转型过程中，在迈向现代社会的发展过程中，完善法制体系和推动法治治理是必要和重要的。在中国特色社会主义建设过程中，法制建设构成了加强社会管理、确立社会秩序的重要支柱，也成为推动国家社会建设不可缺少的支持力量、规范力量和保障力量。这种有着法制的保障，不仅保障了社会群体和公共部门的合法权益和利益维护，也为积极推动社会成长、实现社会公正提供了引导和规范的支撑。

十四、在社会转型过程中加强党的建设

中国共产党是中国特色社会主义事业的领导者和推动者。领导国家和人民推进社会建设，推动社会主义现代化的发展进程，是当前历史时期党的核心任务所在，也是国家和人民的根本利益所在。党的十八大报告明确表示，在当前社会主义建设事业不断深化的历史时期，不仅要求党确立起推动社会建设和推进全面建成小康社会的历史任务，也需要党在变化的社会中增强自身领导能力和执政能力建设，增强领导和推动社会建设的能力。

当前国家发展所面临着的变化着的社会，突出表现在社

会阶层结构分化和利益群体分化，社会空间得到扩展和新的社会组织的广泛建立，以及人口流动性和社会活性化日益增强。社会转型对党的建设提出新挑战和新任务，要求在党的建设的内容、党开展工作的方式，以及在强化党和社会关系构建等方面发生相应的变革，并因此增强党推动领导国家建设和社会建设的能力。

应对社会转型的时代背景，需要将党的建设和党领导推动社会建设结合起来，加强党对社会建设的领导能力，并在此过程中加强党的建设。需要通过强化基层组织建设加强党组织深入社会、团结社会、组织社会和协调社会的能力，从而增强党的执政基础，并增强我们党对引导社会变迁的能力，加强我们党对推动社会建设，以及对落实加强和创新社会管理具体实践的领导能力和执政能力。

第一，党的建设需要适应社会结构分化和社会利益群体分化的新形势。

改革开放以来社会结构变动的一个突出特点是社会结构阶层分化和社会利益群体分化。党代表最广大人民群众的根本利益，就需要加强社会不同阶层间和不同社会群体间的利益协调，促进利益和解与社会整合。而社会群体间利益和需求客观上存在差别甚至存在冲突，增加了我们党在协调不同社会群体利益时的难度。通过增强对社会阶层和社会群体间的利益协调，我们党就能维护改革与发展的共识、团结人民群众的力量共同建设中国特色社会主义。

值得一提的是，基于“三个代表”重要思想的理论贡献，扩大了我们党对于多元化社会群体的代表性和整合能力，中国共产党作为人民群众整体利益的代表，是人民群众和国家发展的先锋队。因此社会结构分化以后的社会管理，需要加强共产党对多元化社会的组织能力和管理能力。通过共产党先进性作用的发挥，更好地团结社会、凝聚社会。通过党的社会基础的扩展和增强，使党能够在社会多元化以后的国家建设中，有效凝聚社会的力量，并同时实现社会和谐和社会稳定。

从历史上看，我们党的建设的一个重要优势就是推动社会阶层和社会群体间的利益协调和利益整合。建设广泛的工农联盟是实现中国革命胜利的前提，本身就是我们党整合工人阶级和农民阶级的共同利益，推动国家发展的成功实践。党史中也有充分的例证说明，依托党的建设，能积极地协调族群的冲突、不同团体的冲突，并推动社会整合，使社会各界能够围绕社会主义革命和社会主义建设的共同目标贡献力量。因此，在社会转型期和社会结构分化的背景下，积极推进中国特色社会主义的建设，就更需要增强党对于不同社会群体的包容力、整合力和协调力，从而使党更好地代表人民群众的利益，并引导人民群众推动国家发展。

在社会结构分化和社会群体多元化的背景下，要求巩固和扩大党的社会基础，加强党对社会利益群体的协调和整合能力，也同时对党的运行机制提出改革的要求，即要求不断推进党的自身民主化建设，通过加强协商和充分民主来增强社会群体的民主讨论、民主参与和民主监督，并以此促进形成发展的共识。通过党内民主扩展社会民主，通过党内共识加强社会共识，是当前时期推动社会发展和国家进步的必然路径。党的决策通过充分协商，也有利于我们党充分把握人民群众多样化的要求，实现代表最大多数人民群众利益的最优决策，并最大化地增进公共福利和代表人民群众的利益。

第二，党的建设要适应社会事务和社会空间不断扩展的新特点。

改革开放以来社会转型的另一个特点是社会事务日益丰富，社会空间不断扩展，社会组织得到广泛建立。因此，加强和创新社会管理需要适应社会发展出现的新趋势，重视解决各种不利于社会组织建立和发展的障碍，推动社会空间组织化和实现有序运行。而从党的建设的角度看，则需要通过加强社会党建，推动在各种新社会组织中建立党组织，加强党组织的建设和日益增长的社会空间的联系，并通过加强社会党建来增进党组织对社会的凝聚力。

社会空间的扩展和社会组织的建设也伴随着单位制解体而发展。随着单位制的解体，不少人口从单位载体回归到生活所在的社区，使社区成为社会生活的基本共同体。多数新社会组织是非行政依托型的社会组织。社区的本质也是一个社会生活的共同体而不是行政控制的下属单位。因此要求在新社会组织和社区中，党发挥领导和核心作用的方式需要与传统政府部门和事业部门中的党组织有所区别。具体来说，在社会组织和社区中，党的建设应更重视通过引导公共利益、加强群众工作来团结群众，加强群众的社会责任意识和公共利益的情怀，并通过组织社会来推动建设社会主义目标的实现。需要通过社会党建渗透到社会生活空间中去，并组织引导社会生活。这种变化要求党组织从直接的管理者和行动者的角色，转变为协调者和引导者的角色，也就是说，党组织不是直接参与和执行社会发展的具体任务，而是通过引导、鼓励和协调，充分动员社会力量来推动社会的建设。社会党建模式的逐步建立，有利于促进现代社会中人的全面发展，促进良好的社会运行体制的建立，也有利于推动党的发展更好地适应现代社会的治理模式。

党不断加强对日益扩展的社会空间的渗透力和领导力，正符合我们党长期坚持群众工作的精神。我们党的根本原则是从群众中来，到群众中去，通过紧密联系群众、紧密团结群众而全心全意为人民服务。从党的发展历史来看，党的群众工作是我们党取得革命胜利和取得建设成就的重要法宝。因此，加强党对社会空间和社会发展的参与是新时期加强党的群众工作的根本要求，只有通过积极参与社会组织，积极参与社会发展，党才能够更多地得到社会群众的拥护，并能够更充分地代表人民群众的利益和需求，从而增强党执政的基础和能力，并同时使党和国家的发展决策能够更好地和群众利益和群众需求保持一致。

社会事务不断丰富和社会空间不断扩展也决定了党的工

作重心的变化。如果说改革开放以来以提高生产力为核心的经济发展成为党的工作重心，那么随着物质财富的日益丰富，特别是随着人民群众对社会服务和社会需求的增加，党的工作重心也更加转向民生福利和社会建设。所以在党的十六届四中全会上，在经济建设、政治建设和文化建设以外，又提出社会建设，将建设社会主义和谐社会作为中国特色社会主义的基本目标。在党的十六届六中全会上，我们党确立了建设社会主义和谐社会的整体框架，十六届六中全会提出，“构建社会主义和谐社会，关键在党。必须充分发挥党的领导核心作用，坚持立党为公、执政为民，以党的执政能力建设和先进性建设推动社会主义和谐社会建设，为构建社会主义和谐社会提供坚强有力的政治保证”。沿着这样的发展思路，胡锦涛同志又提出加强和创新社会管理，建设有中国特色社会主义的社会管理体系。因此可以认为，从十六大以来党的工作重心在逐步进行调整，这一方面可以说是对改革开放以来社会发展相对滞后的回应，在另一方面，这也是对改革开放以来社会空间日益扩大的回应。当前我们提倡加强社会建设，并不应简单地归因于我国的社会发展滞后，而是因为社会的空间得到成长，社会力量和运行体系正逐步发展起来，人民群众经济生活富裕以后对社会服务的需求得到增长，所以才更加需要建设一个强有力的社会管理体系，满足人民群众对社会发展和公共服务的需求。

第三，党的建设要适应人口流动性和社会活性化的增强。

城市化过程中的人口流动已经达到非常巨大的规模。根据最近的第六次人口普查，当前我国离开户口所在的乡镇半年及半年以上的流动人口数量已经达到2.6亿。在东部地区的不少城市，流动人口数量已经占到城市常住人口的一半，甚至在一些城镇中，流动人口数量已经超过了本地人口。随着城市化的快速发展，未来仍有更多人口从农村地区和中西部地区迁移到东部城市地区。

人口流动性的增强，不仅要求加强、完善城市的社会管理体制，也对这些流动人口的党建工作带来新的挑战。一个突出的挑战是对农民工群体的党组织建设和党员培养。农民工群体已经成为中国新兴产业工人的主体。而现实中我们发现，农民工群体党建发展的速度显著落后于城市化和人口流动增加的速度。中国共产党是中国工人阶级的先锋队，也是中国人民和中华民族的先锋队。如何领导农民工的政治参与，如何代表农民工的利益，以及将流动人口中的优秀成员吸收到党组织中，本身是党组织的性质所决定的，也是农民工利益维护的客观需求。党组织在青年产业工人中发展党员薄弱，使共产党的工人阶级先锋队性质甚至有发生弱化的危险。

人口流动对党的建设带来更深层次的挑战，是非定居性移民的人口流动性和党的基层组织建设的根植性的冲突。与流入地和流出地之间流动人口社会管理的困难类似，流动人口的党建工作也存在流入地和流出地之间的断裂，流动人口党组织建设有从二元结构体制中发生脱离的危险。流出地党组织对外出打工的党员缺乏管理，有的地区的基层党组织甚至由于大量人口流出难以开展活动。而流入地党组织对于吸收农民工入党缺乏兴趣，特别是大量农民工是在非正规就业部门、民营和私营部门和社区就业，往往难以得到相应党组织的支持。流动人口的非定居性移民的临时性，使党员身份认同也变得临时性了，一些流动人口党员长期不表明自身身份，脱离党组织，流动人口在城市政治生活中也被边缘化，不具有选举权，在人大中具有非常少的代表性，难以参与所在地区党组织的政治活动。这使得基层党组织可能飘浮于人口流动性之上难以深入扎根，难以深化大量流动人口群体的党建认同。

与人口流动性相伴随的是职业流动和社会活性化的增强。在人口流动过程中，个人在发生社会流动，整个社会阶层结构正在改变，农民工本身的社会阶层也在分化。在社会流动中原来的社会结构重新构造，新的社会阶层结构逐步形成，例如农民工中的部分人口成为城市的新产业工人，也有部分群体通过社会流动，成为企业管理者、商业服务人员和专业技术人员等不同阶层。因此，党的建设要通过开放性，增强对不同群体的包容性，从而能够适应社会结构的变化，并更好地代表不同群体的利益和发展需求。更值得强调的是，在社会结构不断重新构造的过程中，党的建设不仅应该适应人口的流动性和社会活性，还应该为促进社会流动性发挥作用，避免出现“富二代”、“官二代”等社会结构固化的现象。社会流动性和活性化的加强，要求基层党建加强灵活性和开放性，这样才能更好地代表群众利益，并保持党在社会结构的调整变化中有效地反映基层群众的需求，在适应和引导社会流动性中推动社会进步。

综上所述，改革开放以来的社会转型表现出若干特点，即社会结构阶层化和利益群体的分化、社会事务日益丰富和社会空间得到扩展以及社会流动性和活性化加强，国家社会生活的内容和社会生活的组织结构在发生调整变化，要求社会管理的方式、内容、路径和体系都需要得到加强和创新，也对党的建设任务提出新的要求。

在不断调整的社会基础中加强和改进党的领导，不仅需要党的建设在理论上有所创新，更需要党的建设加强对变化的社会基础的深入代表和利益实现，加强对变化的社会秩序的引导，加强对社会建设的领导和推动，加强在社会建设和国家建设中发挥领导和建构的能力。在这个过程中，加强党的基层基础工作显得尤其重要。因为在社会转型期中，我们党只有更深地扎根于基层社会，更好地适应社会发展，才能避免党的建设飘浮于社会基础之上，或者脱离社会基础；同时在社会转型期中，我们党只有由下到上地代表社会利益，以此从具体实践中发挥社会理想的表率和带头作用，才能更有力地引导改革方向和推动社会变迁。社会转型的历史背景，决定了加强党的建设和推动社会建设的具体着力点。具体来说：

（1）在社会结构分化和社会利益群体分化的背景下，党的建设需要将促进基层党组织内部的党内民主作为工作的着力点。通过民主协商，协调不同社会阶层和社会群体的利益诉求，并引导社会不同阶层、不同群体对中国特色社会主义的未来发展道路形成共识。同时，通过基层党组织内部的党内民主，充分保障党员民主权利，发挥党员的积极能动性和首创精神，鼓励形成创先争优的积极精神，从而从党组织内部塑造出经济社会发展的活力。

（2）在社会事务和社会空间不断扩展的背景下，党的建设需要将社区基层、新经济组织和新社会组织的党组织建

设和党员作用发挥作为工作的着力点，从而使我们党在日益扩展的社会空间中加强领导和核心作用，并通过发挥党员作用和奉献精神，团结人民群众，引导社会主义发展根本目标的实现。

（3）在人口流动性和社会活性化日益增强的背景下，党的建设需要将农民工群体党建工作作为工作的着力点。不仅要积极引导农民工群体更紧密地进入当地党组织，同时可以通过信息化手段的应用，通过流出地和居住地双向管理的紧密合作，使党组织更好地代表和协调流动人口群体利益，并以流动人口党员为骨干，使流动人口成为带动城乡发展、促进社会稳定和谐的积极力量。

在社会发展变迁过程中加强党的建设，需要和社会转型的时代背景结合起来，需要基层党组织建设和党员发展更好地适应社会转型的具体特点。只有通过加强党的基层组织建设，党才能更好地把握和代表不同社会群体的利益和需求，并协调其所面临的具体问题；只有通过加强党的基层组织建设才能促进党在日益扩展的社会空间中发挥领导和核心作用；只有通过加强党的基层组织建设，党才能更深地扎根社会基层，在社会流动性和社会活性化不断发展中把握方向，引导社会发展的趋向，并领导和推动社会建设。

总之，当前中国处在迅速和深刻的社会转型时期，这对于党的建设提出新的挑战，也对党的建设和完善国家治理体系提出改革要求。这是党不断提高自身执政能力的需要，也是我们党更好地适应社会变迁和领导社会建设的需要。我们党是一个具有90多年悠久历史的不断发展的现代政党，时代发展和社会进步不断对政党发展提出新的要求，共产党也只有勇敢地面对社会转型，实现自身任务、工作方式和治理结构新的突破，才能更好地代表人民群众利益，以及更好地实现经济社会发展的要求，并推动社会建设的不断发展。中国共产党是建设中国特色社会主义的核心力量，是推动国家建设和社会建设的领导力量，只有加强党的建设，推动党的领导能力和执政能力的建设，才能完成党在新的历史时期的核心任务，即领导和推动中国特色社会主义的不断发展深化，从而不断探索和完善中国发展的道路，将中国建设成为一个富强、民主、文明和繁荣的社会主义现代化国家。